mdv

Bernd Kaufholz

Der Ripper von Magdeburg

Spektakuläre Kriminalfälle

mdv Mitteldeutscher Verlag

Vorwort

Die Entstehungsgeschichte des vorliegenden Buches „Der Ripper von Magdeburg“ ist mindestens genauso kurios, wie die der vorangegangenen Sammlung spektakulärer Kriminalreportagen „Tod unterm Hexentanzplatz“.

Eine Frage im Vorbeigehen vom Volksstimme-Chefredakteur war im Sommer 2000 die Initialzündung: „Wann erscheint eigentlich die Fortsetzung der authentischen Kriminalfälle aus Sachsen-Anhalt?“

Ich rechnete schnell nach: Im Sommer etwa sieben Reportagen, 35 werden für ein Buch gebraucht. „In fünf Jahren“, antwortete ich. „Nein, nein“, sagte der Chef. „Spätestens Ende 2001.“

Unmöglich! Unmöglich? Vielleicht doch. Reizen würde mich das schon. Ich versuch’s. So tastete ich mich an den Gedanken heran.

Material über Mord, Totschlag und andere Kapitalverbrechen gibt es leider genug. Aber auch im zweiten Teil der „Spektakulären Kriminalfälle“ sollte es ja nicht um irgendwelche Fälle gehen, sondern um das Außergewöhnliche. An einigen Verbrechen, die sich im Raum Sachsen-Anhalt zugetragen haben, kam ich deshalb einfach nicht vorbei.

Dazu gehört der Dreifachmord in Magdeburg im Jahre 1973, dem das vorliegende Buch seinen Titel entlehnt, ebenso wie der tragische Fall des vermissten Ingo R. drei Jahre später. Beide Reportagen gehören zum Kapitel „Historische Kriminalfälle", das sich mit Ereignissen aus 164 Jahren Kriminalgeschichte beschäftigt.

Sieben Fälle erinnern an Straftaten, an denen sich die Ermittler bis heute die Zähne ausbeißen, zum Beispiel der mysteriöse Tod des Managers der „Kastelruther Spatzen" 1998 in Magdeburg oder die „Hinrichtung" des Kleinkriminellen Marco Schwärtzke in Halle 1995. Gemeinsam ist all diesen Taten, dass sie neueren Datums sind – das älteste der geschilderten Verbrechen wurde 1994 begangen – und dass die Kripo bis heute noch Chancen sieht, sie aufzuklären.

Am 3. Kapitel „Mein größter Fall" haben diesmal alle Polizeidirektionen Sachsen-Anhalts einen Anteil. Ermittler aus Magdeburg, Halberstadt, Stendal, Halle, Dessau und Merseburg haben genau den Fall herausgepickt, der für sie der spektakulärste war oder – wie im Falle der vermissten Mandy Schmidt aus Halle – noch ist.

Ende Mai war das Manuskript fertig. Unmöglich! Unmöglich?

Am Ende das Wichtigste: Allein auf mich gestellt, wären die Recherchen für das vorliegende Buch schon sehr zeitig im Sande verlaufen. Deshalb gebührt allen, die an der Fortsetzung der „spektakulären Kriminalfälle" einen Anteil haben, Dank.

Stellvertretend möchte ich Kriminalhauptkommissar Steffen Claus von der Polizeihochschule Aschersleben nennen, der mir Anregungen für das Kapitel „Historische Kriminalfälle" gab. Ebenso alle Kriminalisten, die mit mir über ihren größten Fall sprachen. Ein Dankeschön auch den Staatsanwaltschaften in Magdeburg und Halle.

Bernd Kaufholz
Magdeburg, September 2001

Geleitwort des Innenministers

Polizeiliche Arbeit ist vielfältig: Alltagskriminalität, Verkehrssicherheitsarbeit, Gefahrenabwehr – die öffentliche Ordnung und Sicherheit im weitesten Sinne.

Vieles erlebt der Bürger unmittelbar, manchmal auch als direkt Betroffener. Dieses Buch widmet sich jedoch einem ganz besonderen Bereich – dem Kapitalverbrechen: Kriminalfälle, die Aufsehen erregt haben, manche, die noch immer Kopfzerbrechen machen. Einige liegen schon viele Jahrzehnte zurück, andere haben wir noch in Erinnerung. Um die Ermittlungstätigkeit der Polizei der Öffentlichkeit zugänglich und verständlich zu machen, arbeitete der Journalist Bernd Kaufholz mit dem Landeskriminalamt Sachsen-Anhalt, den Polizeidirektionen und auch der Polizeischule des Landes eng zusammen, auch, um die hervorragenden Ergebnisse zu verdeutlichen, die unsere Polizei vorweisen kann. So wurden allein im vergangenen Jahr von den 26 bekanntgewordenen Morden 25 aufgeklärt.

Unsere Kriminalisten arbeiten inzwischen mit modernster Technik. Selbst für das Auge nicht mehr wahrnehmbare Spuren können gesichert und ausgewertet werden. Daher wird früher oder später jeder Täter ermittelt sein und seiner Bestrafung entgegensehen. Also: Verbrechen lohnt sich nicht!

Ich wünsche Ihnen spannende Unterhaltung.

Dr. Manfred Püchel
Minister des Innern des Landes Sachsen-Anhalt

Kapitel 1

Historische Kriminalfälle

Der mordende Büchernarr

Am 31. März 1814 findet in der Leipziger Nikolaikirche ein Spektakel statt, das von Beobachtern als „einer der furchtbarsten Akte der neueren Zeit in einer protestantischen Kirche“ beschrieben wird. Im Beisein der geistlichen und weltlichen Behörden wird der Pfarrer Johann Georg Tinius aus Poserna seines Amtes enthoben. Der 50-Jährige steht unter Mordverdacht.

Dem Angeschuldigten werden Priesterrock und Halskragen abgenommen. Dann warnt Superintendent Rosenmüller den ehemaligen Pfarrer eindringlich, sich nie wieder im priesterlichen Ornat zu zeigen. Zum Schluss übergibt er den „Laien“ dem weltlichen Gericht, das nun für die Untersuchung zuständig ist.

Der Grund für das aufsehenerregende Geschehen in der Nikolaikirche liegt jedoch schon zwei Jahre zurück. Die Hauptrolle spielt Johann Georg Tinius aus Poserna bei Weißenfels.

Am 28. Januar 1812 kommt gegen 10.30 Uhr ein Mann zum Kaufmann Hans Schmidt in die Grimmasche Gasse von Leipzig. Der etwa 40-Jährige beruft sich auf eine Empfehlung und gibt vor, sich für „sächsische Obligationen“ zu interessieren. Der Mann, der später als „modern gekleideter Landgeistlicher“ beschrieben wird, weiß, dass der betagte Kaufmann selbst solche fest verzinslichen Wertpapiere besitzt.

Das letzte, an das sich Schmidt erinnert, ist, dass er die Leipziger Stadtobligation, die er dem Besucher gerade gezeigt hat, wieder in die Kassette legt. Dann wird ihm schwarz vor Augen.

Als er wieder zu sich kommt, fühlt er große Schmerzen im Kopf. Blut tropft von seiner Schläfe. „So helfen Sie mir doch“, stöhnt der Verletzte und meint seinen Gast. Doch der ist über alle Berge.

Der Blick des Kaufmanns fällt auf drei Kästchen, die aus seinem Schreibtisch gezogen wurden. Sie sind leer. Es fehlen elf Leipziger Stadtobligationen im Werte von 3.000 Talern.

Nachdem ihn seine Ehefrau verbunden hat, die kurz nach dem Überfall nach Hause gekommen ist, erholt sich der alte Mann nach und nach soweit, dass er Anzeige erstatten kann. Dabei gibt er zugleich die Nummern der gestohlenen Wertpapiere an, damit ihr Verkäufer verhaftet werden kann.

Doch da ist es bereits zu spät. Die Obligationen sind in einem Leipziger Bankhaus zu Geld gemacht worden. Noch in derselben Stunde, da Kaufmann Schmidt überfallen wurde, hatte ein Fremder, dem weder Angst noch Unruhe anzumerken war – so die Aussage des Kassierers – die elf Wertpapiere gegen preußische, sächsische, braunschweigische Louisdors sowie einen Teil Silbergeld eingetauscht.

Schmidt, der nach den Schlägen auf dem Kopf einen Teil seines Gedächtnisses verloren hat, kann sich an das Aussehen seines verbrecherischen Gastes nicht mehr erinnern und auch die Beschreibung durch den Kassierer ist vage.

In der Nacht zum 6. April 1812 stirbt Kaufmann Schmidt an den Folgen der Tat. Die Leichenöffnung ergibt, dass „durch fremde Hand mehrere heftige Schläge gegen den Kopf" des alten Mannes geführt wurden. Womit der Täter schlug, ist für den Mediziner so lange nach dem Überfall nicht mehr eindeutig erkennbar.

Über den Fall „Schmidt" ist gerade etwas Gras gewachsen, da erregt ein neuer Mord das Aufsehen der Leipziger.

Am 8. Februar 1813 schickt Witwe Kunhardt ihr Dienstmädchen kurz nach 8 Uhr, Besorgungen zu machen. Als Hanne nach einer halben Stunde zum Neumarkt zurückkommt, trifft sie auf dem Weg in die vierte Etage, in der ihre Herrschaft wohnt, einen Mann, der ihr bekannt vorkommt. Doch ehe die junge Frau ein Wort an den Mittelgroßen im dunklen Mantel richten kann, fällt die Haustür hinter ihm ins Schloss.

Bereits vor der Wohnungstür hört das Dienstmädchen den Ruf: „Hanne! Hanne!" In der Wohnung durchfährt sie ein Schreck. Die Briefträger-Witwe liegt im Flur. Der stark blutende Kopf der 75-Jährigen lehnt an der Stubentür. „Der Kerl, der mir eben einen Brief gebracht hat, hat mich blutig geschlagen", stöhnt die alte Frau. Drei bis fünf Schläge mit einer „hammerähnlichen Waffe" stellt der Arzt später fest.

Als die Mordkommission kurze Zeit später das so genannte Dr. Kunitzsche Haus betritt, ist das Opfer bereits ohne Besinnung. Zwei Tage später stirbt es, ohne noch einmal zu Bewusstsein gekommen zu sein.

Der Verdacht fällt auf den Mann, den das Dienstmädchen bei ihrer Rückkehr im Hausflur getroffen hat. Zumal auch die Ehefrau eines Kutschers, die parterre wohnt, den Mann „im Mantel aus dunkelblauem Tuche" sah.

Bei ihrer Vernehmung durch die Mordkommission fällt Hanne auch wieder ein, woher sie den Verdächtigen kennt. „Ich habe ihn einige Male im Wirtshaus meiner Herrschaft gesehen, bei der ich zuvor im Dienste stand", gibt sie an.

Gemeinsam mit den Ermittlern geht sie in das betreffende Lokal und beschreibt den Mann. Unter denen, auf die die Beschreibung passen könnte, ist auch der Pfarrer Tinius aus Poserna bei Weißenfels.

In der Nacht vom 7. auf den 8. Februar habe Tinius bei ihm übernachtet, gibt der Wirt zu Protokoll. Um 8 Uhr sei der Pfarrer aus dem Haus gegangen und etwa eine Stunde später zurückgekehrt.

Doch die Beamten wollen nicht glauben, dass ein so gut beleumundeter Geistlicher etwas mit einem Mord zu tun haben soll. Denn Tinius, der seit 1809 die Pfarrstelle in Poserna bekleidete, ist in der Weißenfelser Gegend „wegen seiner volkstümlich-eindringlichen Reden weit berühmt". Er lebt in völlig geordneten Verhältnissen und sein Rat wird als der „eines verständigen und kenntnisreichen Mannes" oft gesucht.

Seine große Leidenschaft sind Bücher. Er kauft oft ganze Bibliotheken, wissen Bekannte. Er stehe im Kontakt mit Büchersammlern und Antiquaren im ganzen

Land. Seine Bibliothek hatte inzwischen eine kaum zu glaubende Größe angenommen. Über 60.000 Bände, darunter wertvolle Schriften, besitzt er.

Um keinen Eklat heraufzubeschwören, fährt ein Beamter am 27. Februar 1813 mit Hanne nach Poserna. Das Dienstmädchen soll ohne Aufsehen zu erregen, feststellen, ob der Pfarrer derselbe Mann ist, den sie im Hausflur gesehen hat. Hanne Schmidt erkennt ihn sofort wieder, und Tinius wird, als er die junge Frau sieht, auffallend verlegen, fasst sich dann jedoch schnell wieder.

Am 4. März 1813 wird der Pfarrer „in der Stille der Nacht" – wie es im „Criminal-Protokoll" heißt – wegen Mordverdachts verhaftet und ins fünf Stunden entfernte Leipzig gebracht. Dort beginnt die Vernehmung. Bereits Ende März haben sich die Hinweise auf die Schuld des 49-Jährigen so verdichtet, dass die Kirche entscheidet, dass „wider Tinius mit der Inquisition gebührend zu verfahren sei". Mit anderen Worten: Nach einem kirchlichen Verfahren soll Tinius seines Amtes enthoben und der weltlichen Gerichtsbarkeit übergeben werden.

Noch während der Ermittlungen wird Sachsen, zu dem damals Poserna gehörte, geteilt. Von nun an ist das preußische Justizamt zuständig.

Die preußischen Beamten sind sich bald einig, dass das Motiv für die Taten die Bibliomanie des Pfarrers sein könnte. Tinius wollte nach eigenen Worten durch seine Büchersammlung „mit den angesehendsten Gelehrten in Bekanntschaft kommen und dadurch Ruhm und Ehre erwerben". Doch seine Leidenschaft kostete ihn weit mehr, als er aus eigener Tasche bezahlen konnte. So hatte er sich beim Kauf der berühmten Nösseltschen Buchsammlung in Halle gerühmt, 400 Taler mehr gezahlt zu haben, als der König von Preußen geboten hatte.

Tinius streitet erst ab, die 75-jährige Witwe Kunhardt je gesehen zu haben. Doch die Aussagen der Zeugen sind erdrückend. Dann leugnet er, am 8. Februar zwischen 8 und 9 Uhr im Kunitzschen Haus gewesen zu sein. Auch das wird von Zeugen widerlegt.

Die wichtigsten Beweise für die Morde sind jedoch zwei Hämmer, die im Hause Tinius gefunden wurden. Der eine hat einen Stil, der so gekürzt ist, dass er genau in die Seitentasche des blauen Mantels des Verdächtigen hineingeht. Die Ecke des Hammers passt exakt in das Loch in der Schädeldecke der Ermordeten.

Und auch die Ermordung des Kaufmanns Schmidt am 28. Januar 1812 wird aufgerollt. So ist sicher, dass Tinius vor dem ersten Mord in großen Geldschwierigkeiten steckte. Aber zwei Wochen später bezahlte er 300 Louisdor für die Bibliothek des verstorbenen Professors Nösselt. Zwischen dem 1. Februar und dem 21. April 1812 bekamen andere Gläubiger weitere 311 Louisdor. In Breslau zahlte er 1.800 Taler in Louisdor zurück. Insgesamt rund 3.000 Taler – dieselbe Summe, die die gestohlenen Obligationen wert waren.

Trotzdem fällt die Verurteilung von Johann Georg Tinius recht milde aus. Weil der Pfarrer seine Tat „beharrlich leugnete" und wegen „des Mangels an objektiven Beweismitteln", wie es im Urteil heißt, bleibt ihm das Schafott erspart. So hatte zum Beispiel der Kassierer des Bankhauses, in dem Tinius die Wertpapiere verkaufte, den Pfarrer nicht wiedererkannt.

Am 20. Februar 1820 erkennt das Gericht wegen Raubmords im Falle „Kunhardt“ auf 18 Jahre Zuchthaus, im Falle „Schmidt“ auf „vorläufigen Freispruch“. Hinzu kommen zwei Jahre wegen der Unterschlagung von Kirchengeldern, die im Zuge der Mordermittlungen aufgedeckt wurden. Tinius legt Berufung ein.

Erst am 23. Januar 1823 wird in der Berufungsverhandlung der Schlusspunkt unter die Akte „Tinius“ gesetzt. Neue Erkenntnisse gibt es nicht. Aber das Urteil in zweiter Instanz nimmt auf das fortgeschrittene Alter des Ex-Pfarrers und die lange Untersuchungshaft Rücksicht. Im Falle „Kunhardt“ reduziert der Senat das Urteil auf zehn Jahre.

Im Zuchthaus wird Johann Georg Tinius als Schreiber eingesetzt. Nach seiner Haftentlassung lehnt es die Gemeinde Poserna ab, den völlig Verarmten wieder im Ort aufzunehmen.

Die Naumburger Giftmörderin

„Jetzt ist es entschieden, Gott sei Dank, dass die peinliche Ungewissheit endlich ein Ende erreicht", sagt die Giftmörderin Leonore Fehrig aus Naumburg, als sie erfährt, dass ihr Gnadengesuch abgelehnt ist. „Ich freue mich auf den Tod, ich möchte ihn wie den liebsten Freund umfassen", beichtet sie am Vorabend ihrer Hinrichtung dem Anstaltspfarrer.

Leonore Fehrig wird 1819 in Naumburg geboren. Ihren Vater – einen Fabrikarbeiter – lernt „Lorchen", wie sie von ihrer Mutter gerufen wird, nicht kennen. Er stirbt sehr früh.

Auf der Volksschule gehört das Mädchen zu den aufgewecktesten Kindern. „Sie hat das Wissen und die Lust, eine Studierte zu werden", sagt ihr Klassenlehrer. Aber da der vaterlosen Familie das Geld fehlt, geht Leonore Fehrig in die Landwirtschaft. Sie wird Magd. Doch als sie ein Rittergutsbesitzer „notzüchtigt", zieht sie nach Leipzig.

Zur selben Zeit lässt Leonores Mutter „ihr Haus zu einer Hurenwirtschaft – damals der einzigen in Naumburg – herunterkommen" wie es in den Akten heißt. Außerdem habe sie sich „mit Hehlerei abgegeben". Die Mutter bildet ihre eigenen Töchter zu Frauen aus, „die der öffentlichen Lust dienen".

Leonore nimmt sich ihre Schwestern zum Vorbild und verdient ihren Lebensunterhalt in Leipziger Bordellen.

1839 stirbt die Mutter. Leonore sucht ihr Glück nun in Berlin und trifft dort einen Wundarzt namens Metzger aus Ketzin. Bei ihm findet die 20-Jährige eine Anstellung als Wirtschafterin.

In der „Criminal-Akte Fehrig/Metzger" ist zu lesen: „Metzger, selbst ein höchst unsittlicher Mensch, scheint die noch verborgenen schlechten Keime ihres Charakters hervor- und zur Reife gebracht zu haben."

Bald teilt die zierliche, etwas schwächlich wirkende Frau mit den „fast schwebenden Bewegungen" das Bett mit dem 70-Jährigen. Er weiht sie in die „Kunst des Zahnausziehens" ein, lehrt sie „Teeaufgüsse" zu bereiten und zeigt ihr auch „dunkle Künste". In Ketzin und Umgebung wird gemunkelt, dass Metzger sein Geld zudem mit Abtreibungen verdient.

Ein altes Apothekergefäß, in dem zur Zeit des Mordfalls „Leonore Fehrig" das hochgiftige Arsen aufbewahrt wurde.

1846 legalisiert der Wundarzt seine Beziehung zu der schwarzhaarigen Frau mit den braunen Augen, die damaligen Berichten nach „voll Sinnlichkeit und Feuer“ sind.

Doch Leonore ist nicht glücklich mit dem Greis. Sie will tanzen, sich amüsieren. Aber ihr Ehemann ist dafür nicht zu begeistern. Sie geht ins Theater – besonders haben es ihr Tragödien angetan. Sie liest viel, zum Beispiel Schillers „Kabale und Liebe“.

1852 kommt der Musiker und Barbier Kage nach Ketzin. Er lernte die sanfte Leonore kennen und gibt ihr das, was sie von ihrem Ehemann nicht bekommt. Er zieht mit seiner Ehefrau in das Erdgeschoss des Metzger'schen Hauses.

Wenige Wochen später wird Wundarzt Metzger schwach und schwächer, er kränkelt. Krampfattacken und Durchfall, die seinen Leib zu zerreißen scheinen, folgen Erholungsphasen. Doch die werden immer kürzer. Leonores Ehemann stirbt. Sie beweint ihn; pflanzt einen Fliederbusch und einen Rosenstrauch auf das Grab.

Doch ihre ohnehin nicht tiefe Trauer bekommt einen weiteren Knacks, als die Witwe erfährt, dass der Verblichene außer Schulden nichts hinterlassen hat.

Das Verhältnis zwischen Leonore und dem als „roh, sinnlich und feige“ geschilderten Kage hingegen wird immer heftiger, und diesem seine Ehefrau immer überdrüssiger. Fast täglich schlägt er auf sie ein, um seinen Frust abzureagieren.

Eines Morgens teilt Kage seinen Nachbarn mit, dass seine Gattin „in der Nacht entschlafen“ ist. Doch ein ärztliches Gutachten widerspricht eindeutig dem Märchen vom natürlichen Tod. Die Mediziner stellen zweifelsfrei Vergiftung durch Arsenik fest.

Der Stein war auf Grund eines anonymen Briefes an den Superintendenten Merz ins Rollen gekommen. Am selben Tag, da die Metzger-Witwe und ihr Geliebter Kage heiraten wollen, wird die Leiche von Frau Kage exhumiert.

Der Verdacht fällt auf Leonore. Denn unter dem Nachlass ihres Mannes befand sich auch das metallische Gift. Doch die gebürtige Naumburgerin bestreitet den Arsen-Giftmord. Allerdings gibt sie zu, ihrer Nebenbuhlerin eine Mixtur aus Nachtschattenbeeren, einer alkaloidhaltigen Strauchfrucht, gekocht zu haben, deren Giftigkeit sie kennt.

Kage wusste, wo seine Geliebte das Arsen aufbewahrt. Denn im selben Schrank lagen seine Steuerbücher.

Der Verdacht auf einen gemeinschaftlichen Mord verdichtet sich immer mehr. Doch die Beschuldigten weisen alle Vorwürfe von sich.

Während die Untersuchungen zum Tod der Kage-Ehefrau noch laufen, wird auch die Leiche von Leonores Ehemann wieder ausgegraben. Die Umstände des Todes von Metzger haben die Ermittler im Zusammenhang mit dem aktuellen Fall stutzig gemacht.

Der „Corpus“ enthalte Spuren von Arsenik, heißt es nach der Obduktion. Die Friedhofserde hingegen weise keinerlei Spuren dieses Giftes auf. Die Ärzte halten es deshalb für wahrscheinlich, dass auch Leonores Ehemann vergiftet wurde. Doch dem Gericht reicht der Verdacht nicht aus. Es wird keine Anklage erhoben.

Den Ermittlern im Fall Fehrig/Kage war ein anderer ausfsehenerregender Arsenik-Mord noch gut in Erinnerung. 1840 war die Französin Marie Lafarge beschuldigt worden, ihren Ehemann vergiftet zu haben. Für den Giftnachweis wurde der seit vier Jahren bekannte „Marsh-Test" (nach dem englischen Chemiker James Marsh, 1794–1846) benutzt. Am 19. September 1840 wurde Lafarge zur lebenslänglichen Zwangsarbeit verurteilt. 1852 starb die Mörderin an einer Lungenkrankheit.

Als feststeht, dass Kages Ehefrau durch Gift gestorben ist, schlägt den Verdächtigen das Gewissen. Gemeinsam planen sie ihren Selbstmord. Leonore schreibt die Abschiedsbriefe. Dann trinken sie Rum. Auch die beiden Kinder Kages und Leonores Sohn will das Paar mit in den Tod nehmen. Kage flößt ihnen Schnaps ein, bis sie betrunken vom Stuhl fallen.

In der Nacht schlägt Leonore mit einem Beil auf die bewußtlosen Kage-Kinder ein. Der kleine August stirbt, Friederike überlebt schwer verletzt. Dann schneidet Leonore ihrem Liebhaber Kage, ihrem Sohn Wilhelm und sich selbst mit einem Rasiermesser tief ins Handgelenk.

Im Krankenhaus, bei der ersten Vernehmung, habe sich Leonore ganz „als sterbende Büßerin" gegeben. „Ihren Schauspielerkünsten war es auch gelungen", so das Protokoll, „den Diakonissinnen diesen Glauben beizubringen. Eine dieser Damen bat deshalb den Untersuchungsrichter wiederholt, die Ärmste, welche sich mit Gott und dem Heiland völlig versöhnt habe, durch fernere Verhöre nicht mehr in das Irdische hinüberzuziehen."

Kage erhängt sich in der Untersuchungshaft. Leonore wird wegen gemeinsamen Mordes an der Ehefrau ihres Liebhabers und der Ermordung des kleinen August Kage zum Tode verurteilt.

Als sie vor dem Richtblock kniet, hebt Leonore die gefalteten Hände zum Himmel und ruft: „Herr, sei meiner Seele gnädig!" Dann trennt das Schwert ihren Kopf vom Rumpf

Den Arsen-Mord hat die Naumburgerin nie gestanden.

Der Irrtum des Auftragsmörders

Der Ortsvorsteher von Lieskau wird am Sonnabend, dem 11. September 1858, kurz vor 22 Uhr durch lautes Klopfen an der Haustür aufgeschreckt. „Wer kommt denn noch so spät?“, murmelt er vor sich hin, als er geht, um das Tor zu öffnen. Seine Müdigkeit ist jedoch wie weggeblasen, als er erfährt, dass unweit vom Dorf ein Toter liegt.

Eine gute halbe Stunde zuvor waren der Zimmermann Schliebe und sein Geselle auf dem Rückweg von Schiepzig nach Lieskau im Saalkreis. Es war schon recht schummrig und die beiden Männer hatten einiges zu bereden. Deshalb fiel ihnen der Körper am linken Wegesrand erst auf, als sie beinahe darüber stolperten.

Schliebe sah auf den ersten Blick, dass dem Mann nicht mehr zu helfen war. Der Kopf des Opfers sah fürchterlich entstellt aus. Der Zimmermann und sein Geselle alarmierten das Lieskauer Gemeindeoberhaupt.

Die Ermittlungen ergeben schnell, dass es sich bei dem Toten um den 17-jährigen Kantors-Sohn Ernst Heinrich Harnisch aus Lieskau handelt. Die Verletzungen lassen keinen Zweifel daran aufkommen, dass der Gymnasiast durch Schussverletzungen und Schläge zu Tode kam. Das bestätigen später sowohl der Obduktionsbericht als auch das Gutachten des Sachverständigen.

Der junge Mann war am Abend in Schiepzig gewesen, um sich von dort sein Zeugnis abzuholen. Das Papier hatte er gebraucht, um in den Jägerdienst eintreten zu können.

Ernst Heinrich Harnisch wird am 14. September 1858 auf dem Lieskauer Friedhof beerdigt. Die Eintragung im Kirchenbuch der Gemeinde, in dem die zwischen 1815 und 1858 Verstorbenen aufgelistet sind, lautet: „ermordet durch Schüsse und zerschmetterten Kopf mit dem Kolben“.

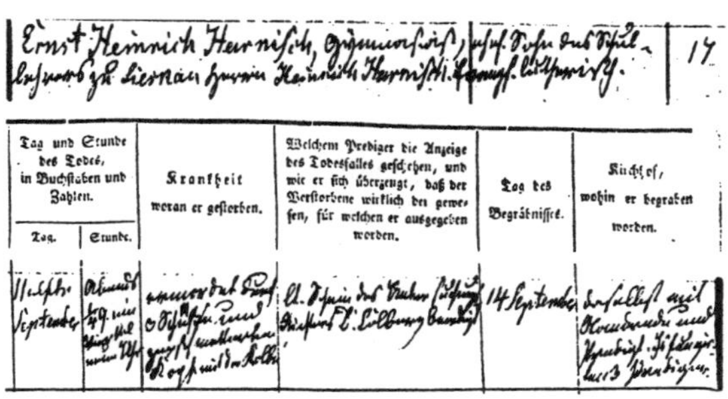

Tag und Stunde des Todes, in Buchstaben und Zahlen. Tag.	Stunde.	Krankheit woran er gestorben.	Welchem Prediger die Anzeige des Todesfalles geschehen, und wie er sich überzeugt, daß der Verstorbene wirklich der gewesen, für welchen er ausgegeben worden.	Tag des Begräbnisses.	Kirchhof, wohin er begraben worden.
[illegible]	[illegible]	[illegible]	[illegible]	14 September	[illegible]

Im Kirchenbuch der Gemeinde Lieskau steht unter dem Namen Ernst Heinrich Harnisch in der Rubrik „Krankheit woran er gestorben“: „ermordet durch Schüsse und zerschmetterten Kopf mit dem Kolben“.

Sind Identität des Opfers und Todesursache schnell geklärt, bereitet das Motiv den Ermittlern Kopfzerbrechen. Harnisch war überall beliebt und hatte keine Feinde.

Akribisch wird der Fundort untersucht. Dabei fällt den Beamten im Straßengraben ein deutlicher Stiefelabdruck auf. In der Grabenböschung finden sie zudem zwei leichte Eindrücke. Die Ermittler schlussfolgern, dass die Abdrücke von Knien stammen. Von den Spuren bis zur Stelle, wo der Tote gefunden wurde, sind es genau neun Schritte. Da man von der Böschung aus einen hervorragenden Blick auf den Weg nach Schiepzig hat, sind sich die Beamten fast sicher, dass dort eine Person gelauert hat. Doch diese Theorie bringt die Polizisten in puncto Motiv keinen Schritt weiter.

Erst als Zimmermann Schliebe, der den Toten fand, vermutet, dass ihm der Anschlag gegolten haben könnte, zeichnet sich ein vages Motiv ab.

„Ein gewisser Rose" könnte der Täter sein, sagt der Zimmermann aus. Rose sei beim Holzhändler Rosahl beschäftigt. Und mit diesem Holzhändler habe er schon schwere Auseinandersetzungen gehabt, so der Zeuge. Rosahl schuldet Schliebe Geld. Er weiß zudem, dass Schliebe regelmäßig auf diesem Weg nach Schiepzig geht, wenn er dort seine Außenstände eintreibt.

Rose wird verhaftet. Und er gesteht den Mord. Allerdings habe er nicht aus eigenem Antrieb gehandelt, beschwört er die Beamten. Vielmehr habe sein Chef, der Holzhändler Rosahl, ihn angestiftet. Und was der Zimmermann Schliebe bereits vermutet hatte: Nicht der Kantors-Sohn war gemeint, sondern er.

Der Holzhändler Rosahl wird in Fesseln abgeführt. Er macht kein Hehl daraus, den Mordauftrag gegeben zu haben. Mit dem Grund hält er ebenfalls nicht hinterm Berg. „Ich habe bis Anfang des Jahres gemeinsam mit Schliebe ein Holzgeschäft betrieben", sagt er aus. „Dann hat mein Partner seine Geschäftsanteile an mich verkauft. Aber dabei hat er mich übers Ohr gehauen", wettert Rosahl bei der Vernehmung.

Ratenzahlung war vereinbart worden. Doch den nun alleinigen Besitzer des Holzgeschäftes ärgerte es immer mehr, Monat für Monat an seinen ehemaligen Partner zu zahlen.

Bereits im Frühjahr 1858 sagte er deshalb zu seinem Arbeiter Rose: „Ich gäbe gleich etwas darum, wenn Schliebe weg wäre, dass ich nichts mehr mit ihm zu tun hätte; ich gäbe dir 300 Reichstaler die Woche, wenn du ihn wegbringst."

Jedesmal wenn der Geldeintreiber wieder zu ihm kam, erneuerte Rosahl sein eindeutiges Angebot. Solange, bis Rose eines Tages einschlug. Rosahl gab seinem Arbeiter mehrmals Geld, damit dieser sich ein Gewehr beschaffte. Doch das lieh sich der gedungene Schütze lieber bei einem Fuhrmann in Schiepzig aus. Pulver und Blei dafür kaufte Rose in Leipzig. Die Zündhütchen, die er brauchte, bekam er von einem Kaufmann im Ort.

Am 11. September war Zimmermann Schliebe nach Schiepzig gekommen, um die Dorfpumpe zu reparieren. Rosahl traf seinen Widersacher an diesem Tag und seine Wut auf ihn steigerte sich noch mehr. Als sein Knecht nach 18 Uhr zu ihm auf den Holzplatz kam, zischte er ihm zu: „Höre, jetzt ist es höchste Zeit; Schliebe hat an der Plumpe bis spät zu tun. Ich muss ihm zu Michael (29. 9., d. Red.) 400 Taler zahlen, die bin ich dann los … der verfluchte Schurke."

Um das Gewissen des Gedungenen zu beschwichtigen, fügte er hinzu: „Denke nicht, dass du Sünde tust, dabei ist gar nichts." Und er versprach Rose erneut 300 Taler.

Der Knecht nickte nur. Dann lud er sein Doppel-Terzerol – eine kleine Taschenpistole – und die ausgeborgte Kurzflinte mit groben Schrot und machte sich auf den Weg zur Straße nach Lieskau. Er legte sich in den Graben, spannte seine Waffen und wartete darauf, dass Schliebe kam.

Als er Schritte hörte, riss er die Flinte hoch und schoss in die Richtung, aus der das Geräusch kam. Dass er getroffen hatte, bemerkt er am Stöhnen des Mannes. Um ganz sicher zu gehen, schoss er noch einmal. Diesmal mit der kleinen Pistole. Weil das Wimmern nicht aufhörte, lief der Mörder zu dem sich am Boden Krümmenden und schlug mehrmals mit dem Gewehrkolben auf dessen Kopf.

Dann meldete er seinem Herrn Vollzug und warf Gewehr sowie Terzerol in die Saale.

Rosahl und Rose werden vor dem Schwurgericht Halle angeklagt. Der Auftraggeber wegen Anstiftung zum Mord und Beihilfe, der Täter wegen Mordes. Beide, die zuvor Tat und Umstände gestanden hatten, verlegen sich nun aufs Leugnen bzw. stellen die Tat anders dar.

Am 18. Februar 1859 werden beide für schuldig befunden. Der Schwurgerichtshof Halle verurteilt Rose und Rosahl zum Tode. Gegen das Urteil legen die Täter Beschwerde ein. Doch das Preußische Obertribunal in Berlin bestätigt am 5. Mai des Jahres das Urteil von Halle. Die beiden Männer werden hingerichtet.

Der Fall ist in die deutsche Rechtsgeschichte eingegangen. Musste doch die Frage geklärt werden, inwieweit jemand bestraft werden kann, der zum Mord angestiftet wurde, jedoch den Falschen getötet hat. Und wie mit dem Auftraggeber unter demselben Gesichtspunkt zu verfahren ist.

Mord ist Mord gilt bis heute für den Schützen. Sein Auftraggeber Rosahl würde sich allerdings nur wegen versuchter Anstiftung zum Mord verantworten müssen. Denn demjenigen, den er töten lassen wollte, wurde ja kein Haar gekrümmt.

Eine Inschrift am Grabdenkmal Harnischs in Lieskau erinnert an den Ermordeten: „Statt des Nächsten traf mich Armen, in der Nacht des Mörders Hand. Schaut das göttliche Erbarmen, welchen Wunderweg es fand: Mein Tod war für ihn das Leben, mir fiel zu das Ew'ge Gut, das der Sünder hat gegeben, Jesus Christus durch sein Blut".

(Mit freundlicher Unterstützung des „pro jure e. V." Halle)

Schüsse auf den Forstlehrling

Beim Wort „Wilddieberei" denkt man heute sofort an Enzian, Gemsen und Bayern. In Vergessenheit ist geraten, dass es selbst noch zu Beginn des 20. Jahrhunderts in den Harz-Wäldern professionelle Wilderer gab. Und das manch Förster bei Schießereien mit den „Schwarzschützen" ums Leben kam.

„Ich geh' noch auf Abendstreife", sagt Hermann Klie am 23. Mai 1912 gegen 19 Uhr zu seinen Eltern. Dann schultert der Königliche Forstlehrling seine Büchse und will sich auf den Weg machen. Der Vater, Mühlenbesitzer und Fuhrherr, hält den 16-Jährigen jedoch an der Schulter zurück und mahnt: „Pass auf, Hermann, denk' an die Wilderer! Wage nicht zu viel."

Auch der erkrankte Förster Morgenroth, dem der „Schutzbezirk" Elbingerode untersteht und den der junge Mann vertritt, hatte ihn zur Vorsicht ermahnt. Wusste er doch, dass Hermann Klie äußerst pflichteifrig war und dazu neigte, übers Ziel hinaus zu schießen.

Zur selben Zeit, als sich der Forstlehrling auf den Weg in den Wald macht, treffen sich drei Männer nahe dem Papental. Es sind der Sägemüller Karl Strube sowie der 18-jährige Arbeiter Vincent Klee und dessen Vater Ernst (Namen geändert).

Bereits am Tag zuvor hatte sich das Kleeblatt an der Bahnlinie Elbingerode Drei-Annen-Hohne getroffen und einen kapitalen Rehbock geschossen. Vom Erfolg angestachelt, hatten sie sich verabredet, am 23. Mai erneut auf die ungesetzliche Pirsch zu gehen.

Als sie durch den Wald ziehen, hören sie es plötzlich unterhalb der Klippen im Unterholz knacken. Wenig später taucht der Forstlehrling auf, den die Wilderer

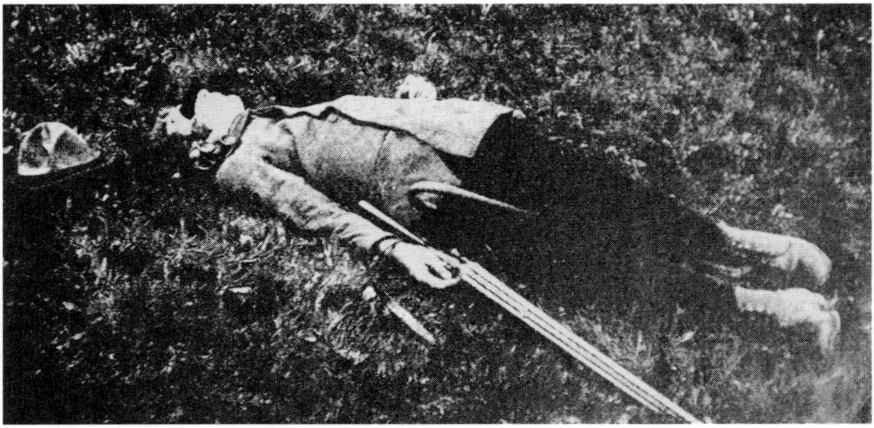

Der Königliche Forstlehrling Hermann Klie wurde an einem Steinbruch bei Elbingerode erschossen.

zuerst für den Förster Morgenroth halten. Ihr Schreck ist doppelt groß, weil sie wissen, dass der Förster krank ist und sich deshalb sicher gefühlt haben. Die drei Männer fliehen. Klie verfolgt sie: „Halt, stehenbleiben! Halt, sonst schieße ich!“, ruft der 16-Jährige.

Strube bleibt mit schussbereitem Karabiner hinter einem Baum stehen, während die Klees Richtung Chaussee weiterrennen. Aus der Deckung heraus ruft er nun seinerseits dem Jung-Förster zu stehenzubleiben. „Schieß nicht“, will er ihn beruhigen, „Lass uns doch gehen.“

Doch Hermann Klie hat das Jagdfieber gepackt. Das Drillings-Gewehr in der Hand gibt ihm das Gefühl von Sicherheit. „Ich schieß dich nieder“, schreit er dem Mann hinterm Baum zu. Der erschrockene Strube dreht sich um und läuft seinen Gefährten zum „Bocksberg“ hinterher.

Minuten später peitschen zwei Schüsse durch den Wald.

Es ist gleich Mitternacht und die Eltern des Forstlehrlings machen sich inzwischen schon Sorgen, wo ihr Sohn bleibt. Der Vater, Böses ahnend, macht sich auf die Suche. Doch er kehrt bald um. Das Gelände ist in der Dunkelheit zu unwegsam.

Die Mutter des Vermissten fragt währenddessen im Dorf herum. Dort erfährt sie, dass ein Lehrer gegen 20.30 Uhr zwei jüngere Männer gesehen hat, die über die Straße Elbingerode-Rothehütte gelaufen sind. Ihnen sei ein kräftiger Mann gefolgt. „Hinter ihnen lief ein junger Förster“, gibt der Lehrer später zu Protokoll. „Er trug ein Gewehr und forderte die Davonlaufenden mehrmals auf stehenzubleiben.“

Im ersten Morgengrauen macht sich Mühlenbesitzer Klie erneut auf, um seinen Sohn zu suchen. Am „Bocksberg“, 500 Meter westlich der Straße Elbingerode-Rothehütte und wenige Meter neben einem stillgelegten Steinbruch, findet er den Jungen. Erschossen. Die rechte Hand des Toten umklammert noch den Kolbenhals des schussbereiten Drillings. Der Zeigefinger liegt gekrümmt am Abzug.

Die Gerichtskommission ermittelt, dass die Wilderer in einem der Büsche am Steinbruch auf den 16-Jährigen gewartet haben. Und die Obduktion ergibt, dass das erste Projektil das Ohr des Forstlehrlings verletzt hat. Die zweite Kugel, Kaliber 7,65, war von vorn in die linke Brust gedrungen.

Der Halberstädter Regierungspräsident setzt eine Belohnung von 1.000 Mark für die Ergreifung der Mörder aus.

Die Ermittlungen sind erfolgreich. Bereits drei Tage nach den Schüssen nimmt Gendarmeriewachtmeister Lehmann den Sägemüller Karl Strube fest. Auch sein Halbbruder kommt in Haft, wird aber bald darauf wieder entlassen, weil er ein Alibi hat. Beide Strubes sind den Polizei- und Forstbeamten als Wilddiebe bekannt. Beide sind wegen Wilderei vorbestraft.

Karl Strube gibt zu, in der Nähe des Tatorts „spazieren gegangen“ zu sein. Auf der Chaussee sei ihm der Forstlehrling begegnet, räumt er ein. Doch die Geschichte vom Spaziergang überzeugt den Richter nicht. Er erlässt Haftbefehl.

Die Notiz eines weiteren Gendarmeriewachtmeisters erlangt Bedeutung. Alfred Mehring hatte in sein Merkbuch geschrieben, dass er am Mordtag bei der Kontrolle eines Steinbruchs unweit des Tatorts den Arbeiter Vincent Klee getroffen hat. Auch Klee ist als Wilddieb berüchtigt. Ein Förster hatte ihn beim Schlingenstellen überrascht.

Die Staatsanwaltschaft Halberstadt überträgt die Ermittlungen dem Kriminalkommissar Miatkowski und dem Kriminalschutzmann Krause aus Hannover. Ihre erste Amtshandlung ist die Festnahme des 18-jährigen Vincent Klee. Am 3. Juni 1912 gesteht der junge Mann, bei der Tat dabei gewesen zu sein, versucht jedoch bis zum Schluss seinen Vater aus dem Förster-Mord heraus zu halten.

Karl Strube wiederum schiebt alles auf Vater und Sohn Klee. Er selbst sei im Wald spazieren gegangen und habe dort die Schüsse gehört. Er habe sich gesagt, dass nur die Klees geschossen haben können, denn ihnen habe er an jenem Abend den Karabiner geliehen. Außerdem habe der alte Klee ihm später gestanden, dass er dem Förster „eine aufgebrummt“ habe.

Doch der Halberstädter Untersuchungsrichter gibt sich mit diesem Märchen nicht zufrieden. Ein paar Tage später legt auch Karl Strube ein ausführliches Geständnis ab.

Er habe sich am Rande des Steinbruchs versteckt und aus etwa 40 Metern das erste Mal auf den Forstlehrling geschossen. Als darauf hin der am Ohr Getroffenen den Drilling anlegte, habe er das zweite Mal abgedrückt. Die Kugel wird vom Uniformknopf abgelenkt unf zerfetzt als Querschläger die Brust des Opfers.

Karl Strube habe keinerlei Reue gezeigt und den Toten beim Polizeiverhör sogar noch beschimpft, heißt es im Protokoll. Durch die Aussagen des Täters kann die Polizei weitere gewerbsmäßige Wilderer aus dem Bekanntenkreis des Schützen verhaften.

Strube wird vom Schwurgericht Halberstadt wegen Totschlags zu 15 Jahren Zuchthaus verurteilt.

Die Familie der Vatermörder

Adolf M. reißt einen schmalen Streifen seines Bettbezugs ab. Dabei achtete er auf jedes Geräusch vor seiner Zelle. „Nur nicht noch entdeckt werden", denkt der junge Mann aus Gommern. Dann knüpft er eine Schlinge aus dem Stofffetzen und bindet ihn an die Heizungsröhre. Er legt sich den Strickersatz um den Hals und lässt sich einfach fallen.

Adolf M. kommt 1924 mit seinem Selbstmord in der Untersuchungshaft dem Henker zuvor. Denn das Magdeburger Schwurgericht hätte wenige Tage später gegen den Doppelmörder nur ein Urteil fällen können: Todesstrafe.

Die Taten, die ihm zur Last gelegt werden, liegen bereits sechs beziehungsweise fünf Jahre zurück und es ist dem Berliner Kriminalkommissar Otto Busdorf zu verdanken, dass die Morde überhaupt noch aufgeklärt werden konnten.

Die Magdeburger Staatsanwaltschaft beantragt 1924 beim preußischen Innenministerium, zwei mutmaßliche Tötungsdelikte in Gommern aufzuklären, für die es außer einigen unbelegten Verdachtsmomenten keinerlei Beweise gibt. Seit 1919 geht in der Stadt nahe Magdeburg das Gerücht um, dass das Oberhaupt der Familie M. ermordet worden ist. Bislang war von der Familie jedoch immer behauptet worden, dass der Vater nach Holland gegangen sei. Und auch das Verschwinden des Leipziger Fellhändlers Salomon Zweifler ein Jahr später wird mit dieser Familie in Verbindung gebracht. Den wollen die M.s jedoch gar nicht kennen.

Die Recherchen des Kriminalkommissars ergeben schnell, dass die vier Söhne bereits eine Menge auf dem Kerbholz haben. Sie sind wegen Raubes, Körperverletzung und Wilderei vorbestraft. Und auch das verschwundene Familienoberhaupt ist polizeibekannt.

Busdorf hört sich als erstes in der Nachbarschaft von Familie M. um. Dabei erfährt er, dass die Leichen hinter dem Haus der M.s in einem mit Wasser vollgelaufenen Steinbruch liegen sollen.

Der Berliner Ermittler bittet Kollegen vom Reichswasserschutz in Magdeburg um Hilfe. Die Beamten loten die Tiefe des 250 Meter langen und 150 Meter breiten Steinbruch-Sees aus: 22 Meter.

Dann beordert Otto Busdorf zwei Taucher aus Hamburg nach Gommern. Acht Tage lang suchen sie nach den Leichen. Umsonst. Sie finden zwar eine Unmenge von Knochen, doch Rechtsmediziner stellen schnell fest, dass es sich um Reste von Tieren handelt.

Dann kommt dem Polizisten ein Gerücht zu Ohren, dass er für so absurd hält, dass er ihm erst gar nicht nachgehen will. „Ein Nachbar erzählte mir", erinnert sich Busdorf noch Jahre später, „dass er auf dem Acker der M.s eine auffällige Beobachtung gemacht habe. Auf einer Stelle, die die ‚Größe eines Grabes' hat, seien die Kartoffeln ‚besonders fett' gewesen."

Der Kripo-Mann will sich aber nicht nachsagen lassen, einem Hinweis nicht nachgegangen zu sein. Er lässt das bezeichnete Stück auf dem sechs Morgen großen Acker umgraben.

Und tatsächlich, nicht allzu tief unter der Oberfläche liegen Gebeine. Das Institut für gerichtliche Medizin identifiziert den Fund eindeutig als Menschenknochen. Zwar sind die beiden Skelette nicht vollständig, allerdings können anhand des Oberschenkelknochens und des Brustbeins Alter und Größe der Toten identifiziert werden. Die Angaben zu einem der Skelette deckten sich mit Alter und Größe des verschwundenen Familienoberhaupts von Familie M. Der Grund, warum die menschlichen Überreste nicht vollständig sind, soll sich später herausstellen: Die Leichen waren nach ihrer Verwesung wieder ausgegraben und Teile davon weggeschafft worden.

Das war auch der Grund dafür, warum die Kartoffeln an dieser Stelle besonders gut wuchsen. Die tieferliegende, mit Verwesungsflüssigkeit getränkte, stickstoffhaltige Erde war durch die „Umbettung“ nach oben gelangt und hatte die Pflanzen gedüngt.

Witwe M., ihre Tochter und die vier Söhne werden unter Mordverdacht verhaftet. Ihnen wird 1924 der Prozess gemacht.

Der Indizienprozess vor dem Magdeburger Schwurgericht gerät nach vier Verhandlungstagen in eine Sackgasse. Kriminalkommissar Otto Busdorf, der Hauptzeuge der Anklage ist, versucht das Gericht von der Richtigkeit seiner Thesen zu überzeugen. Die werden jedoch von den sechs Angeklagten als unwahr bezeichnet.

Der fünfte Prozesstag bringt die kaum noch erhoffte Wende. Die Ehefrau eines der Söhne tritt während einer Verhandlungspause an den Berliner Beamten heran und sagt, dass sie es nicht länger mit ihrem Gewissen vereinbaren kann, weiter zu schweigen. Sie gibt dem Ermittler wichtige Hinweise. „Ich habe diese neuen Erkenntnis dann sofort dem Staatsanwalt mitgeteilt“, schreibt Otto Busdorf in seinen Erinnerungen.

Adolf M. bricht – mit der Aussage seiner Ehefrau konfrontiert – völlig zusammen. Die Verhandlung wird ausgesetzt, und eine Stunde später gesteht der Angeklagte, seinen Vater allein erschossen zu haben. Den Fellhändler Zweifler habe er erwürgt und beraubt.

Adolf M. nimmt alle Schuld auf sich und schwört, dass die anderen Familienmitglieder von den Taten nichts gewusst haben.

„Ich habe das Gericht darauf aufmerksam gemacht, dass ich den überführten Mörder für selbstmordgefährdet halte“, so Busdorf. „Ich empfahl strengste Überwachung – besonders nachts.“

Trotzdem gelingt es Adolf M., sich zu erhängen.

Im Zusammenhang mit den Ermittlungen im Falle der Familie M. aus Gommern stößt Kriminalkommissar Busdorf auf ein weiteres Kapitalverbrechen. Als er erfährt, dass auch der Schwiegervater des Mörders Adolf M. seit 1920 als vermisst gemeldet ist, wird der Berliner Beamte stutzig. Das Gefühl, dass auch das Verschwinden H.s nicht mit rechten Dingen zugegangen ist, verstärkt sich, als er erfährt, das auch H. aus Grabow bei Burg nach Holland gegangen sein soll.

Doch erst, als die Ermittlungen im Mordfall M. abgeschlossen sind, findet der Kriminalist Zeit, sich intensiver mit dem mysteriösen Verschwinden des Schwiegervaters von Adolf M. zu beschäftigen.

Er recherchiert, dass es sowohl der verschwundene H., als auch dessen beide Söhne mit dem Gesetz nicht so streng nehmen. Besonders der ältere Sohn Albert gilt als gewalttätig und war einmal aus dem Zuchthaus Brandenburg ausgebrochen. Er hatte sich monatelang in den Wäldern um Grabow versteckt gehalten und konnte erst nach einer Großfahndung wieder verhaftet werden.

Kriminalkommissar Busdorf versucht, von der 17-jährigen Tochter des verschwundenen H. einen Hinweis zu bekommen. Er nimmt die junge Frau fest, die als Hausmädchen in Burg arbeitet. „Es gelang mir, sie nach hartnäckigem Leugnen zum Geständnis zu bringen“, schreibt der Kriminalist.

Sie sagt aus, dass ihre Brüder Albert und Karl – Letzterer war inzwischen an Lungenentzündung gestorben – den Vater im Wald erschossen und verscharrt haben. Allerdings wisse sie nicht, wo genau das gewesen ist. „Aber ein Förster hat die Schüsse gehört“, gibt die 17-Jährige zu Protokoll.

Dem Kriminalkommissar gelingt es, den Forstbeamten ausfindig zu machen. Obwohl bereits fünf Jahre vergangen sind, erinnert sich Förster Sitte aus Lütgenziatz bei Möckern an jenen 3. Januar 1920.

„Ich habe damals zwei Schüsse gehört“, sagt er aus. „Ich schlich in die Richtung, aus der die Schüsse gekommen waren. Dort sah ich zwei Männer, die ich als Wilderer kannte, Albert und Karl H. Sie standen in einer Kiefernschonung nahe der Missionarsschule Friedensau.“ Albert H. habe gerade ein Gewehr auseinander genommen.

Förster Sitte stellte die Männer mit vorgehaltener Waffe. Albert H. gesteht, einen Hasen geschossen zu haben. Er kommt 1920 mit einer Geldstrafe davon. Niemand ahnt damals, dass Albert H. nicht auf einen Hasen, sondern auf seinen Vater geschossen hat.

Als Kriminalkommissar Busdorf und ein Handvoll Landjäger fünf Jahre später den Vatermörder auf dem elterlichen Hof in Grabow festnehmen wollen, wartet er schon mit einer großen Mauser-Pistole auf die Beamten. Doch als er die ebenfalls bewaffnete Übermacht sieht, lässt er sich festnehmen. Auch seine Mutter, die von der Tat weiß, wird verhaftet.

Sie ist es dann auch, die im Magdeburger Untersuchungsgefängnis ein umfangreiches Geständnis ablegt.

Die beiden Söhne waren mit dem Vater am 3. Januar 1920 in den Wald gegangen, um zu wildern. Danach war der Vater in einen Baum geklettert, um Kienäpfel zu pflücken. In diesem Moment hatte Albert die erste Schrotladung auf ihn abgegeben.

Der zweite Sohn Karl war laut schreiend in den Wald geflüchtet, als er den Vater stöhnend und blutüberströmt in den Ästen hängen sah. Doch Albert holt ihn an den Tatort zurück. Dann schoss er ein zweites Mal auf den Vater. Die Leiche bedeckten sie mit Laub. Kurz darauf wurden sie in der angrenzenden Schonung von dem nichts ahnenden Förster gestellt. Am nächsten Morgen vergruben sie den Toten im Wald.

Karl H. benahm sich seit dem Vatermord wunderlich und verbrachte manche Nacht im Wald. Dabei zog er sich die Lungenentzündung zu, an der er kurz darauf starb.

Albert H. leugnet auch nach dem Geständnis der Mutter weiter. Und er nennt auch nicht die Stelle, wo er die Leiche seines Vater verscharrt hat. Obwohl Schulkinder und Missionsschüler die Gegend um die Schonung durchsuchen, wird der Leichnam nie gefunden.

Albert H. wird in einem Indizienprozess am 3. Juli 1925 vom Schwurgericht Magdeburg wegen Totschlags, Wilderei und unerlaubten Waffenbesitzes zu zwölf Jahren und vier Monaten Zuchthaus verurteilt.

Der Mann mit dem stechenden Blick

Der Bernburger Lehrer August Drost.

Im März 1924 erstattet die Bernburger Polizeiverwaltung Anzeige wegen fortgesetzten Betrugs gegen August Drost. Ihm wird vorgeworfen, „durch Hellsehen mittels eines Mediums vorgetäuscht zu haben, Verbrechen aufklären zu können“. Bei der Verhandlung vor dem Schöffengericht steht zugleich die umstrittene „Kriminaltelepathie“ vor dem Richterstuhl.

Die Vorhänge in der Magdeburger Wohnung sind zugezogen. Mitten in der Stube sitzt eine junge Frau kerzengerade auf einem Stuhl. Ihre Augen verfolgen ein Pendel – links, rechts, links, rechts …

Es geht um einen ungeklärten Mord. Im Sommer 1922 war in Magdeburg ein Eisenbahnbeamter erschossen worden. Kripo und Staatsanwaltschaft tappen schon seit Monaten im Dunkeln. Der ehemalige Eisenbahnüberwachungsbeamte Grantz kam auf die Idee, einen „Hellseher“ in die Ermittlungen einzubeziehen. Er hatte von den „Wunderdingen“ gehört, die der Bernburger Lehrer Drost auf diesem Gebiet vollbringen soll.

August Drost, der Mann mit der hohen Stirn, dem Oberlippenbart und den stechenden Augen, redet monoton auf sein „Medium“ Marie Neumann ein: „Du wirst schläfrig, müde. Deine Augenlider werden schwer. Du kannst deine Augen nicht mehr offen halten.“ Nach wenigen Minuten scheint es, als ob das Medium in Trance ist.

Vor der kriminaltelephatischen Sitzung hat Drost seiner Partnerin alle Informationen gegeben, die sie braucht, um sich auf den Fall gedanklich einzustimmen. Dann fragt Drost die mit halbgeschlossenen Augen Dasitzende nach Tatort und Täter.

Marie Neumann beschreibt den Tatort äußerst präzise. Dann seufzt sie und sagt: „Die Mörder sind die Brüder Braß. Sie halten sich zur Zeit in Duisburg und Recklinghausen auf.“ Dann beschreibt sie die beiden mutmaßlichen Täter. Der eine zum Beispiel trage einen so genannten Doppelrock und darunter auf der nackten Brust einen Patronengurt.

Der Ex-Bahnbeamte Grantz fährt nach Westfalen. Dort erfährt er von der Polizei, dass einer der Brüder inzwischen erschossen wurde. Auf den Toten habe die

Beschreibung des Mediums ganz genau gepasst, sagt der Bahner später aus. Selbst die Sache mit dem „Doppelrock" und dem Patronengurt habe gestimmt.

Drost fordert kein Geld für seine Dienste, erhält aber von der Bahn ein Erfolgshonorar.

Grantz kann später nicht genau sagen, worin die „Übereinstimmungen zwischen der Personenbeschreibung und dem tatsächlichen Aussehen der Täter" bestanden haben. Zudem stellt sich heraus, dass der vom Medium Marie Neumann so treffend beschriebene Doppelrock und der Patronengurt bereits zuvor in Zeitungsartikeln beschrieben worden sind

Bereits seit Jahren hat sich Drost, der Lehrer an der katholischen Gemeindeschule Bernburg ist, damit beschäftigt, Kranke durch „magnetisch-hypnotische Behandlung" zu heilen. Zwar sei ihm nicht in jedem Falle nachzuweisen, dass er ausschließlich finanzielle Motive dafür hatte, aber für einige Behandlungen hielt er schon die Hand auf, heißt es in der Anklageschrift.

Und auch Landgerichtsdirektor Albert Hellwig aus Potsdam, der sich gründlich mit dem Fall Drost befasst, schreibt 1927 „dass jedenfalls nicht immer nur christliche Nächstenliebe das Motiv gewesen ist". Hellwig räumt allerdings den einen oder anderen Heilungserfolg ein, da sich der Hokuspokus auf suggestiv beeinflussbar Leidende sicherlich auch günstig augewirkt habe. Der als geschickter Hypnotiseur geschilderte Drost habe jedoch auf diesem Gebiet „manches Unheil angerichtet". So habe er auch versucht, Kriegsblinde zu heilen.

1920 hatte Lehrer Drost damit begonnen, seine „Kunst" bei der Aufklärung von Kriminalfällen zu testen. Besonders bei Diebstahl und Mord traute er sich zu, die Ermittler zu unterstützen.

Bei einem „gemütlichen hypnotischen Abend", wie Drost seine Sitzungen nannte, in der Wohnung des Bernburger Altwarenhändlers Knöfler findet sein erster kriminaltelephatischer Versuch statt. Knöfler waren wertvolle Felle gestohlen worden.

Bevor Drost sein Medium Blencke einschläfert, hat er der jungen Frau Angaben über Ort und Zeit des Diebstahls gemacht. Als sie den so genannten Hellsehzustand erreicht hat, fordert er sie auf, Einzelheiten zu nennen: wie das Diebesgut fortgeschafft wurde, wie die Täter aussehen und heißen. Polizeikommissar Rössel, der Schwiegersohn des Bestohlenen, ist bei dem Termin dabei.

Und obwohl der Hellsehversuch den Täter nicht überführt, spricht sich durch den Kriminalisten schnell herum, dass es in Bernburg einen Mann gibt, der sich mit telephatischer Verbrechensaufklärung beschäftigt.

In den vier Jahren bis zu seiner Festnahme 1924 kommen viele Leute zu Drost, um ihn um Hilfe in Kriminalfällen zu bitten. Zu den 41 Fällen, die während des Betrugsprozesses untersucht werden – vom Wurst-, Besteck- und Schmuckdiebstahl bis hin zum Totschlag –, gehört auch der Mord an einem gewissen Rehan im Mai 1921.

Der Bruder des Opfers liest in der Zeitung von dem Hypnotiseur. Er fährt zu ihm nach Bernburg. Auf Bitten des Bruders hält Drost mit seinem damaligen Medium Editha Blencke eine Sitzung ab.

In einem Vorgespräch hat Walter Rehan dem Bernburger Lehrer erzählt, dass er den Russen Juri Kumka für den Täter hält. Prompt wird der Russe von Editha Blencke auch als Täter benannt. Drost bekommt 200 Mark Honorar. Kumka wird festgenommen, Tage später jedoch wieder freigelassen, weil sich der Verdacht gegen ihn nicht erhärtet.

Einig sind sich die drei Sachverständigen in dem mehrtägigen Betrugs-Prozess darüber, dass es „keinen wissenschaftlichen Beweis dafür gibt, dass die Medien des Angeklagten übernormale Fähigkeiten besitzen".

Die Frage, ob Drost wirklich glaubte, dass er mit Hilfe seiner sieben Damen auf übernatürliche Weise strafbare Handlungen aufklären konnte, wird hingegen unterschiedlich beantwortet. Einer der Experten gesteht dem Angeklagten durchgehend „guten Glauben" zu, die anderen beiden meinen, dass Drost von Sitzung zu Sitzung mehr einsah, dass mittels Kriminaltelephatie kein Fall aufgeklärt werden kann – wenn doch, dann nur zufällig. Er habe aber trotzdem weitergemacht.

Dem Bernburger Schöffengericht bleiben nach dem Abwägen von Für und Wider „erhebliche Zweifel" an der strafrechtlichen Schuld. Obwohl viele belastende Momente nicht ausgeräumt werden konnten, entscheidet das Gericht am 17. Oktober 1925 „in dubio pro reo – im Zweifel für den Angeklagten". Drost wird freigesprochen.

„Das Gericht ist jedoch überzeugt, dass das Strafverfahren an sich dazu beigetragen hat, das Publikum davon abzuhalten, sich dem Angeklagten und den von ihm benutzen Medien zur Aufklärung strafbarer Handlungen anzuvertrauen", war der letzte Satz des Vorsitzenden Richters.

Der seltsame Tod des Bauern

Der Staatsanwalt und die ermittelnden Beamten der Landeskriminalpolizei Magdeburg sind sich an jenem 5. September 1928 einig: So etwas wie in der Kiefernschonung bei Vehlen (Kreis Jerichow II /Genthin) haben sie noch nicht gesehen. Ein 75-Jähriger ist tot. Und die Umstände, unter denen er starb, sind mehr als mysteriös.

Der kleine Peter ist ein richtiger Stromer. Wenn das Wetter schön ist, wie an diesem Spätsommertag des Jahres 1928, lässt er Schule Schule sein. Dann räubert er lieber durch den Wald und die angrenzende Heide.

Auch diesmal hat der Elfjährige für sich „schulfrei“ entschieden. „Mutter wird sich freuen, wenn ich zum Abendessen ein paar Pilze mitbringe“, denkt Peter und beruhigt damit sein schlechtes Gewissen, als er auf dem kleinen Pfad, den nur die Einheimischen kennen, durch die Anpflanzung streift.

Doch aus dem Pilzesuchen wird nichts. Stattdessen macht er einen grausigen Fund. Aus einem Sandloch ragen zwei Stiefel hervor. Obwohl sich ihm vor Schreck die Haare sträuben, geht er noch einige Schritte näher und erkennt zwischen der Erde einen Körper, der bis zur Hüfte zugeschüttet ist. Es ist 11 Uhr.

Peter läuft nach Vehlen und erzählt dort seiner Mutter atemlos von dem Gesehenen. Die Frau alarmiert den Landjäger. Der Dorfpolizist beauftragt ein paar Gemeindearbeiter, die Fundstelle abzusperren, dann greift er zum Hörer.

Kurz nach 13 Uhr klingelt im Dienstzimmer der Landeskriminalstelle Magdeburg das Telefon. Der Landjäger erstattet dem diensthabenden Beamten Bericht. „In einer Schonung bei Vehlen wurde vor zwei Stunden die Leiche des Landwirts August R. gefunden. Sie liegt einhalb bis dreiviertel Meter tief verscharrt auf dem Bauch. Der Oberkörper ist mit Erde bedeckt. Ob es sich um Mord oder Selbstmord handelt, konnte nicht festgestellt werden.“

Minuten später erhält derselbe Bereitschafts-Kriminalist eine fast gleichlautende Mitteilung der Staatsanwaltschaft. Gleichzeitig wird darin angewiesen, dass eine Kommission der Landeskriminalpolizei zum 75 Kilometer entfernten Tatort aufbrechen soll. Und auch der zuständige Richter aus Genthin ist inzwischen auf dem Weg in die Schonung.

Zuerst tragen die Ermittler alle Fakten über das Opfer zusammen. Altbauer R. gilt im 288-Seelen-Dorf als verschlossen und menschenscheu. Seine Familie hatte sich mit den „Marotten“ des 72-Jährigen abgefunden, der manche Tage bis spät am Abend auf einem Stück Heideland verbrachte, das ihm gehörte.

Deshalb wunderte es auch Sohn und Schwiegertochter nicht, dass der Landwirt am 3. September nicht nach Hause kam. Am Vormittag, so Zeugen, hatte der alte Mann „sein Grundstück auf der Rückseite verlassen“. Er habe einen Spaten sowie seinen Stock bei sich gehabt.

Erst am nächsten Tag, als August R. immer noch nicht zurück ist, erstattet die Familie beim Landjäger Vermisstenanzeige. Der lässt die Gegend absuchen. Doch Schulschwänzer Peter findet den Bauern, bevor der Suchtrupp Erfolg hat.

Die Untersuchung des Tatorts ergibt folgendes Bild: Innerhalb einer kleinen Fläche, die von Kiefern umringt ist, befindet sich ein ein Meter langes, einen halben Meter breites und etwa 50 Zentimeter tiefes Loch. An den Seiten ist Sand aufgeschichtet. Auf der rechten Sandböschung steckt der Knüppel, der von R. als Krückstock benutzt wurde.

Der Tote liegt auf der linken Seite, die Beine wie beim Laufen gekrümmt. Über Oberkörper und Kopf befindet sich Waldboden, der mit Wurzeln durchsetzt ist. Von der Leiche so gut wie verdeckt, liegt der Spaten, von dem nur der Griff zu sehen ist.

Die Magdeburger Kriminalisten fotografieren Fundort und Umgebung. Dann beginnen sie vorsichtig damit, den Körper freizulegen. Dabei stellen sie fest, dass der Leichnam in einer ein Meter langen, gangartigen Höhlung liegt. Sand rieselt nach, als die Ermittler vorsichtig weiterarbeiten. Die „Leichen-Sache R." wird immer mysteriöser.

Der hinzugezogene Gerichtsmediziner notiert: „Nase der Leiche völlig plattgedrückt. Augen geschlossen. Reichlich Sand in Mund, Ohren und Nase. Keine Anzeichen äußerer Gewalt. Keine Kampfspuren. Für Erstickungstod charakteristische blaurote Verfärbung von Brust und Gesicht."

1 Das mit Wurzeln durchzogene Erdreich.
2 Ein Loch, durch Erdrutsch hervorgerufen.
3 Von dort aus sah man den Spaten.

Mord, Selbstmord oder Unfall? Diese Frage muss beantwortet werden.

Gegen eine gewaltsame Tötung spricht vieles. In seinem ersten Bericht schreibt der Staatsanwalt: „Es fehlt in der Umgebung an Zeichen eines Kampfes, einer blutigen Verletzung und des Transports eines so schwierig zu handhabenden Gegenstandes, wie ihn eine Leiche darstellt. Es sind nirgends Schleifspuren oder abgebrochene Kiefernäste zu finden."

Außer dem Fehlen aller äußeren Zeichen für Mord sprechen weitere Fakten gegen diese Hypothese. Hätte ein Täter sein Opfer wirklich verschwinden lassen wollen, hätte er es völlig eingegraben. Wäre der Mörder gestört worden, hätte er später sein Werk vollenden können. Genügend Zeit dafür hätte er gehabt.

Zudem liegt der Körper in einer eindeutig von vorn gegrabenen Höhlung. Wer eine Leiche verscharren will, gräbt ein Loch von oben, legt den Leichnam hinein und schüttet zu. Einen Toten von vorn in eine Aussparung unterm Waldboden zu drücken, scheint den Kriminalisten für sinnlos und zudem für kaum machbar. Außerdem hätte der Körper dann zusammengekrümmt liegen müssen. Er war jedoch ausgestreckt.

Und noch etwas spricht gegen die Mord-Theorie. Sicherlich hätte der Täter nicht den Stock seines Opfers sichtbar wie ein Zeichen auf das halbfertige „Grab" gesteckt.

Niemand im Dorf macht Andeutungen, dass jemand Interesse am Tod des Alten gehabt hat. Ein Erbfolge- oder Erbstreit scheidet aus.

Also – folgern die Kriminalisten – kommt nur einer in Frage, der das Loch gegraben hat: Altbauer R. selbst. Das bestätigt auch ein Experte. Er rekonstruiert: „R. hat zunächst ein Loch gegraben und dann dessen vorderen Teil ausgehöhlt. Dann kroch der alte Mann in die Höhlung und grub nach vorn weiter. Er war etwa ein Meter unter dem Waldboden, als die instabile, sandige ‚Decke' über ihm einbrach. R. erstickte."

Ein Unglücksfall scheidet für die Ermittler aus. Es gibt keinen plausiblen Grund, warum sich August R. in das Loch zwängte. Die in die Untersuchung eingebrachte These, möglicherweise habe der 72-Jährige nach einem vergrabenen Schatz gesucht oder wollte selbst etwas vergraben, ist nicht haltbar.

Die Frage nach dem Motiv des Mannes lässt sich anhand der Aussage seiner Familie und der objektiven Tatortspuren nur erahnen. So hatte R. bereits öfter gesagt, dass er sich das Leben nehmen will. Als bekannt wurde, dass der Landwirt verschwunden ist, waren sich Dorfbewohner und Gemeindevorstand einig, „den findet so leicht keiner, der hat sich verkrochen".

R. hatte Jahre zuvor, als er noch als Elbschiffer arbeitete, einen schweren Unfall gehabt. Die Kopfverletzung war der Grund für seine „Wunderlichkeit", die im Alter immer mehr hervortrat.

Der Magdeburger Kriminaldirektor Kuntze schreibt am 27. November 1928 in einem Bericht über den eigenartigen Tod des Bauern R.: „So merkwürdig es erscheint, man muss zu dem Schluss kommen, dass hier ein in Ausführung vielleicht einzigartig dastehender Fall von Selbstmord vorliegt. Wenn man überhaupt in diesem Fall über ‚Unglücksfall' diskutieren will, kommt man wohl der Wahrheit am nächsten, wenn man von einem ‚gewollten Unglücksfall' spricht."

August R. war lebensüberdrüssig, geistig nicht ganz normal. Er wollte sich selbst begraben, wurde aber daran gehindert, weil die Sandgrube über ihm zusammenstürzte.

Eilgüterzug 8340 kommt nicht an

27. Januar 1939. Auf dem Bahnhof von Halle steht der Eilgüterzug 8340 bereit. Um 3 Uhr soll er Richtung Aschersleben losfahren. Doch an diesem Tag wird er nicht am Zielort ankommen. Denn fünf Männer haben den spektakulären Plan, den Postwagen, der als letzter angehängt ist, auszurauben.

Paul Krybus und Heinrich Edelhoff haben sich Eisenbahnermützen aufgesetzt. Sie wollen keinesfalls auffallen. Krybus kennt sich zwischen den Gleisen aus, die in dieser frühen Morgenstunde fast verwaist sind. Der muskelbepackte Schmied hat eine Zeit lang als Rangierer bei der Reichsbahn gearbeitet. Ein Grund für seine Idee, gemeinsam mit Schlosser Edelhoff und drei anderen Männern ein „ganz großes Ding" auf der Bahnstrecke Halle-Halberstadt zu drehen.

Seit 1936 zermartert sich Krybus den Kopf, wie er mit einem Schlag „so viel Geld erbeuten kann, dass man für den Rest seines Lebens ausgesorgt hat". Von Anfang an hat sich dabei der Gedanke in seinem Hirn festgesetzt, „etwas mit der Eisenbahn zu machen".

3.05 Uhr. Der Zug ruckt an. Als das scheppernde Zucken durch die Wagenreihe läuft, springen Bandenchef Krybus und sein „Adjutant" Edelhoff ins Bremshäuschen des letzten Waggons.

Der Plan scheint einfach: Aufspringen, den Postwagen während der Fahrt abkoppeln und abbremsen, sich mit einer Pistole Zutritt zum Waggon verschaffen, die so genannten Wertgutsäcke stehlen und in einem Auto, das auf der Straße neben den Schienen wartet, verschwinden.

Der Postwagen nach dem Überfall. Die Fensterscheiben des Waggons sind eingeschlagen.

Krybus hat sich die Stelle, wo der Postraub über die Bühne gehen soll, genau ausgesucht. Wenige Kilometer hinter Halle, wo es weit und breit keine Häuser gibt. Wo die Gleise zwischen zwei hohen Böschungen liegen. Wo sich ein breiter

Weg für das Fluchtauto befindet. Phantastische Summen geistern durch die Köpfe des Quintetts, „mindestens 150.000 Reichsmark“ hat Krybus den anderen versprochen – Gelder für Renten- und Gehaltszahlungen.

Doch es zeigt sich schnell, dass Plan und Realität etwas anderes sind. Exreichsbahner Krybus schafft es nicht, den Postwagen abzukoppeln. Der Bahnräuber reagiert blitzschnell: „Dann muss eben der ganze Zug angehalten werden“, schießt es ihm durch den Kopf.

Der ehemalige Rangierer durchtrennt den Bremsluftschlauch zwischen den beiden letzten Wagen. Der Zug stoppt langsam ab.

Der 8340 steht noch nicht, da zerschlagen Krybus und Edelhoff bereits die Fenster des Postwaggons. Wahllos schießen sie ins Wageninnere. Ein Postassistent wird lebensgefährlich verletzt. Verängstigt öffnet der zweite Postbeamte die Tür.

Der Tatort an der Bahnlinie Halle-Halberstadt liegt in einem unbewohnten Gebiet zwischen hohen Bahndämmen.

Durch den unplanmäßigen Halt ihres Zuges und die Schüsse alarmiert, rennen die Reichsbahner zum hinteren Zugteil. Edelhoff schießt auf sie. Der Zugführer bricht getroffen zusammen.

Krybus rafft an Postsachen zusammen, was ihm in die Hände fällt. Darunter befindet sich auch ein Postsack, der als Geldbehältnis gekennzeichnet ist.

Komplize 3 und 4 – Otto Spott und und Waldemar Zimmermann – stehen wie abgesprochen bereit, und helfen, die Beute aus dem Zug zu schaffen. Zimmermann hatte der Bandenchef unter anderem deshalb ins Vertrauen gezogen, weil er über zwei Jahre lang Güterzüge gefahren hatte.

Alles klappt nun wie am Schnürchen. Der Fünfte im Bunde, Otto Seidel, ebenfalls mit Bahn-Erfahrung, wartet auf der Straße neben der Bahnlinie im Auto, das die Eisenbahnräuber am Vorabend aus einer Garage im Zentrum Halles gestohlen haben.

Dann fahren sie zurück in Richtung Innenstadt. Einer nach dem anderen steigt unterwegs aus. Seidel und Zimmermann verstecken die Tatwaffen, Pistolen Kaliber 6,35, die die Bande Heiligabend 1938 aus einem Waffengeschäft entwendet hatte, in einer Grünanlage.

Seidel stellt den Fluchtwagen ab. Es bleibt unter anderem ein Wertpaket zurück. Die Verbrecher haben nicht bemerkt, dass darin 2.100 Mark liegen.

Wer sind die fünf Männer, die diesen Coup ausführten? Neben dem Kopf Krybus, dem Schmied, der die Sache ausheckte, ist sein Freund Otto Seidel mit von der Partie. Der Vorbestrafte arbeitet als Schlosser im selben Flugzeugwerk wie der bullige Krybus und gilt als fleißiger, geschickter Arbeiter. Er will zur

Fachschule und später Flugzeugtechniker werden. Das Geld aus dem Raub braucht Seidel, um die Ausbildung bezahlen zu können.

Heinrich Edelhoff ist der dritte Flugzeugwerker – ein geistig reger Bastler, der viele Verbesserungen für Luftfahrzeuge austüftelt. Im Gegensatz zu den anderen, geht er elegant gekleidet und prahlt mit einer Schwester, die angeblich Filmschauspielerin ist. Er ist wegen Betrugs vorbestraft.

Otto Spott ist ein ruhiger, solider Mensch, der bisher nicht mit dem Gesetz in Konflikt geraten ist. Der als fleißiger und tüchtiger Arbeiter Beschriebene will sich ein Haus bauen. Da Sparen ihm zu lange dauert, macht er beim Raub mit. Er steht völlig unter dem Einfluss von Krybus.

Waldemar Zimmermann kommt durch Seidel in die Bande. Die beiden haben sich im Knast kennengelernt. Erst kurz zuvor war Zimmermann aus der Haft entlassen worden. Nach anfänglichem Zögern lockt auch ihn die vermeintlich riesige Beute.

Die Ermittlungen beginnen. Die Kripo sucht Antworten auf drei Fragen: Wer kennt sich im Eisenbahnbetrieb so gut aus, dass er einen Eisenbahnraub wagt? Wem ist eine solche Tat zuzutrauen? Wo findet man diese „sachverständigen" Täter?

Systematisch wird bei der Reichsbahn und den Fabriken Halles nachgeforscht. Gleichzeitig werden die Zeugen befragt. Der verletzte Postassistent gibt eine gute Personenbeschreibung desjenigen, der in den Waggon eingedrungen war.

Über die Presse wird die Bevölkerung um Mithilfe gebeten. Ein wichtiger Erfolg: Die fünf Männer wurden beobachtet, als sie das Auto aus der Garage stahlen. Ihr Aussehen nimmt Konturen an.

Den Durchbruch bringt die Aussage eines Zeugen, der angibt, dass vor Monaten zwei flüchtige Bekannte an ihn herangetreten sind, ein Schmied und ein Schlosser, die „ein großes Ding auf der Platte hatten".

Kurze Zeit darauf wissen die Ermittler, dass es sich bei den Männern um Krybus und Seidel handelt. Die Polizei nimmt sie in ihren Wohnungen fest. Krybus, der gerade Briefe aus dem Raub verbrennt, will zur Pistole greifen. Die Beamten sind jedoch schneller. Nach stundenlangem Leugnen räumt der Schmied ein, beim Überfall dabeigewesen zu sein, verrät jedoch die anderen nicht. Seidel hingegen leugnet alles.

Allerdings erzählt er der Kripo, dass Krybus mit einem Arbeitskollegen namens Edelhoff bekannt ist. Krybus mit diesem Namen konfrontiert, nennt nun auch den vierten Namen – Otto Spott. Er wird noch in derselben Nacht von der Polizei in seiner Wohnung überwältigt. Der Schlafende hatte eine entsicherte Pistole unter dem Kopfkissen. Er gesteht die Tat.

Spott verrät, dass noch ein fünfter Mann am Überfall beteiligt war. Allerdings kenne er den Namen nicht. Doch bereits am nächsten Tag wissen die Ermittler, dass es sich um Zimmermann handelt. Auch er wird verhaftet.

Edelhoff ist verschwunden. Am 31. Januar 1939 löst die Polizei Großfahndung aus. Einsatzreserven der Schutzpolizei werden hinzugezogen und alle Landstraßen im Raum Halle/Weißenfels-Leipzig-Magdeburg gesperrt.

Einen Tag später stellt sich der Flüchtige in Weißenfels der Polizei. Er war mit knapper Not einer Gruppe Männer entkommen, die ihn nach dem Fahndungsaufruf erkannt hatten. Auch Edelhoff gesteht.

Bereits zehn Tage nach dem Überfall findet die Hauptverhandlung vor dem so genannten Sondergericht statt. Krybus und Edelhoff werden zum Tode verurteilt. Zimmermann muß lebenslänglich ins Zuchthaus, Spott und Seidel erhalten Zuchthausstrafen von je zwölf Jahren.

Der große Postraub von Halle erlangt 24 Jahre späterer noch einmal Bedeutung. Am 8. August 1963 überfallen Ronald Biggs und seine „Gentlemen-Räuber" an der Eisenbahnstrecke Glasgow-London den Postzug. Der Krybus-Coup könnte ihr Vorbild gewesen sein. Lediglich auf Waffen hatten die Briten verzichtet. Das Ende beider Banden ist ebenfalls – wenn auch ungeplant – ähnlich. Beide Gangs flogen auf.

Herta Grzenia – lebendig verscharrt

Herta Grzenia mit Tochter Lydia.

Der Mond tritt für wenige Augenblicke hinter den dunklen Wolken hervor. Er beleuchtet ein grausiges Schauspiel. Ein Mann steht in einem Bombentrichter und scharrt Erde über zwei leblose Körper. Der kleinere ist schon vollständig zugeschüttet. Vom größeren liegt nur noch der Kopf frei. Er ist nach 21 Hammerschlägen nur noch eine blutige Masse.

Was der Mörder nicht weiß, ist, dass die 33-jährige Herta Grzenia trotz ihrer gräßlichen Verletzungen noch am Leben ist. Erst unter der Erdschicht stirbt die bewusstlose Frau.

Gustav K. klettert aus dem Bombentrichter, der sich nahe dem Magdeburger Stadtplatz befindet. Von oben schaut er völlig gefühllos auf sein Werk. „Die findet so schnell keiner“, denkt er und sein Gesicht verzieht sich zu einem Grinsen. Dann winkt der gelernte Dreher seiner Geliebten Louise Z. zu, die einige Meter entfernt aufgepasst hat, dass er bei seiner Tat nicht überrascht wird.

Wohl ist der 29-Jährigen nicht. Obwohl sie von Anfang an in die Pläne K.s eingeweiht ist, hat sie sich deshalb geweigert, dem Mörder dabei zu helfen, die leblosen Körper einzugraben. Auch als ihr Geliebter sie unterhakt und ihr zuzwinkert: „Alles in Ordnung“, wird sie das Frösteln nicht los.

Kurz nach 18 Uhr hatten sich Gustav K. und Louise Z. an diesem 12. Oktober 1945 in der Halle „Stadt und Land“ (später Hermann-Gieseler-Halle) getroffen. Dort sagte der 30-Jährige seiner Geliebten, dass er „nun endlich die Grzenia und ihr Balg loswerden“ will.

Herta Grzenia war die Haushälterin K.s Gleichzeitig hatte er ein Verhältnis mit ihr. Sie erwartete ein Kind von ihm. Wenige Wochen zuvor war die 33-Jährige mit ihrer Tochter Lydia (9) in K.s Wohnung Lessingstraße 59 gezogen.

Doch der gebürtige Altmärker war der Liebschaft überdrüssig. Außerdem steckte er in chronischen Geldsorgen. „K. hatte bei seiner stark ausgeprägten Sexualität einen enormen Verbrauch an Frauen“, heißt es in den Gerichtsakten. „Dementsprechend hoch war für seine kostspieligen Zechereien sein Bedarf an Barem.“

Er besorgte sich Geld durch Diebstähle, doch das reichte nicht aus. K. wusste, dass Herta Grzenia rund 8.000 Mark im Sparstrumpf hatte. Außerdem hatte er es auf ihr Schlafzimmer und ihre Bekleidung abgesehen, die er zu Geld machen wollte.

Die neunjährige Tochter seiner Lebenskameradin wollte er umbringen, „damit kein Erbe übrig bleibt“.

Gustav K., geboren in Minde (Kreis Osterburg), ist für Polizei und Gericht kein Unbekannter. Seit 1934 ist er wegen schweren Rückfalldiebstahls zu insgesamt 16 Jahren Zuchthaus verurteilt worden. Der Schwerverbrecher gilt als eiskalt bei Planung und Ausführung seiner Taten. Das belegt auch die Tatsache, dass er bereits wenige Tage nach dem Doppelmord zum Tanzen geht.

Geld hat er jetzt genug in der Tasche. Denn K. hatte den Pelzmantel seines Opfers für 3.000 Mark auf dem schwarzen Markt verkauft und das Schlafzimmer gegen ein Radio eingetauscht. Um Betten und Schrank als sein Eigentum auszuweisen, fälschte er den Kaufvertrag. Außerdem hatte er die 8.000 Mark Bargeld eingesteckt.

14 Tage nach dem Verbrechen zieht seine Geliebte Louise Z. zu ihm in die Magdeburger Lessingstraße.

Zu dieser Zeit ermittelt die Polizei bereits in der Mordsache „Grzenia“. Allerdings gegen unbekannt. K. selbst hatte am 19. Oktober, sieben Tage nach dem er Herta Grzenia und die kleine Lydia erschlagen hatte, seine Haushälterin und deren Tochter auf dem Revier als vermisst gemeldet.

Vorerst gerät der Täter jedoch nicht in Verdacht. Auch deshalb nicht, weil er wenige Monate später wegen einer anderen Straftat verhaftet und vom Magdeburger Schöffengericht wegen Rückfalldiebstahls zu drei Jahren Haft verurteilt wird. Er kommt ins Zuchthaus Coswig. Von dort gelingt ihm jedoch die Flucht, als er außerhalb der Gefängnismauern arbeitet.

Er geht in die britische Besatzungszone und macht dort das, was er am besten kann – stehlen. Doch in Osnabrück wird er erneut geschnappt und zu drei Jahren Zuchthaus verurteilt. Die Staatsanwaltschaft Osnabrück liefert K. am 30. März 1950 aus der Haftanstalt Lingen nach Magdeburg aus.

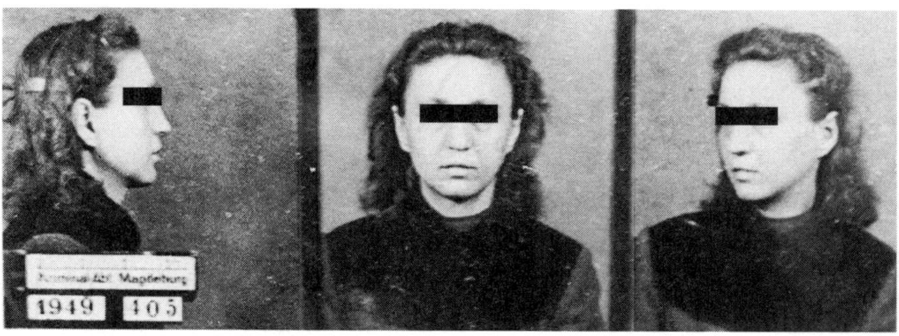

Louise Z., Komplizin und Geliebte des Mörders.

Es hätte nicht viel gefehlt, dann wäre K. der Kripo erneut durch die Lappen gegangen. Bei einer Leibesvisitation in Magdeburg finden die Beamten im Saum seiner Strickweste ein feststehendes Messer, und in der Marschverpflegung – einem Brotkanten – hat er Rasierklingen versteckt.

Dass der Überstellte der gesuchte Doppelmörder von Magdeburg ist, wissen die Ermittler zu diesem Zeitpunkt bereits. Denn im März 1949 war Louise Z. festgenommen worden. In einem zweistündigen Kreuzverhör hatte K.s Komplizin ausgesagt, dass ihr Liebhaber Herta Grzenia und deren Tochter am 12. Oktober nacheinander aus dem Haus gelockt und am Stadtplatz erschlagen hat.

Drei Wochen nach dem Geständnis werden die Leichen ausgegraben. Der Bombentrichter ist inzwischen zugeschüttet worden. Zwischen den Toten liegt das Tatwerkzeug. Der Griff des Hammers ist zerbrochen, mit solcher Gewalt hatte K. auf die Frau und das Mädchen eingeschlagen.

Im Juli 1950 findet der Prozess vor dem Magdeburger Schwurgericht statt. „Gefesselt und schwer bewacht wird der Angeklagte in den Verhandlungssaal gebracht“ schreibt die „Liberal-Demokratische Zeitung“ am 12. Juli 1950. „Aus seinem blassen Gesicht stieren ein Paar suggestive Augen, unter deren hypnotisierenden Blicken Louise Z. gestanden haben muss“, heißt es in dem Bericht weiter.

Die Mittäterin gesteht, wenn auch in einigen Details von ihrer polizeilichen Aussage abweichend. K. hingegen leugnet bis zum Schluss, trotz der erdrückenden Beweise.

Das Prozessprotokoll vermerkt dazu einen charakteristischen Wortwechsel zwischen dem Vorsitzenden Oberrichter Walter und dem Angeklagten:

Walter: „K., wollen Sie es nun nicht kurz machen und die Tat, die Ihnen vorgeworfen wird, zugeben?“

K.: „Wenn ich ein Geständnis machen könnte …“

Walter: „Nun …“

K.: „Ich habe kein Geständnis zu machen.“

Nach zweieinhalb Tagen verurteilt das Schwurgericht den Doppelmörder zweimal zum Tode. Louise Z. muss wegen Beihilfe zum Mord für sechs Jahre ins Zuchthaus. Bei der 34-Jährigen erkennt das Magdeburger Schwurgericht wegen „leichter Schwachsinnigkeit und geschlechtlicher Hörigkeit gegenüber K.“ auf mildernde Umstände.

Der Doppelmord vom Magdeburger Stadtplatz ist 1950 – fünf Jahre nach der Tat – gesühnt. Allerdings bleiben im Zusammenhang mit der Person des Verurteilten einige Fragen offen.

So war K.s Ehefrau Jahre zuvor wegen des Ehescheidungsprozesses angeblich ins Wasser gegangen. Und auch die Wirtin K.s aus Parchen, bei der er in den letzten Kriegsjahren gewohnt hatte, starb auf dieselbe Weise. Unter Umständen hat Gustav K. auch diese beiden Leben auf dem Gewissen.

Der Doppelmörder entgeht dem Henker. Er wird zu einer lebenslänglichen Haftstrafe begnadigt. Zuletzt arbeitet er im Stasi-Gefängnis Berlin-Hohenschönhausen als Schlosser in der Kfz-Instandsetzungswerkstatt und repariert Autos der Ministerien für Staatssicherheit und für Inneres.

Zugleich gilt er als Experte für alle Schließsysteme. Deshalb wird er vom Chef der Haftanstalt oft geholt, wenn es gilt, Schlosskombinationen von Stahlschränken zu knacken.

Ende der 60er Jahre kommt er frei und wird aus dem Berliner Gefängnis nach Tangerhütte entlassen. Dort hat seine Mutter ein Haus. Gustav K. arbeitet als Schlosser im Eisenwerk Tangerhütte. Er gilt als fleißig und geschickt.

Trotzdem bleibt er weiter unter der Aufsicht von Polizei und Abteilung Inneres. Die Fürsorge reicht so weit, dass K. mit Polizeischutz nach Magdeburg gebracht wird, als er in der Medizinischen Akademie behandelt werden muss. Der Grund: Seine ehemalige Komplizin Louise Z., die gegen ihn ausgesagt hatte, wohnt am Stadtrand von Magdeburg – im Hopfengarten. Die Kripo hat Angst, dass sich K. an ihr rächen könnte.

K. heiratet eine Mitarbeiterin der Abteilung Inneres. Die Frau muss daraufhin sofort aus dem Rat des Kreises ausscheiden. Gustav K. behandelt seine Frau so schlecht, dass sie in der Nervenklinik Uchtspringe endet. Auch, dass der Doppelmörder sein Haus zur Festung ausgebaut hat, wie es heißt, habe sie um den Verstand gebracht.

Gustav K. stirbt Mitte der 80er Jahre.

Der Mord in den Vehlenschen Bergen

27. August 1948, Zuchthaus Coswig. Der Scharfrichter geht durch den Zellentrakt. Ein Justizbeamter an seiner Seite gibt ihm unauffällig Zeichen. Nacheinander deutet er auf vier Zellentüren. Hinter einer sitzt Werner Golz aus Genthin. Am nächsten Morgen soll der Mörder unter dem Fallbeil sterben.

Gegen 18 Uhr wird Werner Golz in eine andere Zelle verlegt. Ein Wachmann bringt dem 22-Jährigen Papier und Stift. Der Verurteilte schreibt seinen Abschiedsbrief.

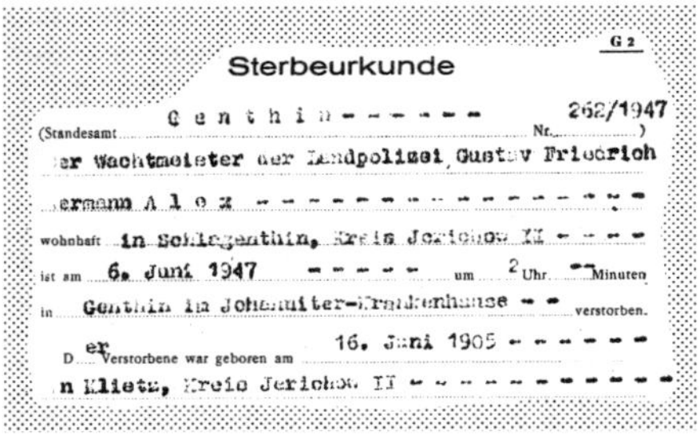

G 2

Sterbeurkunde

(Standesamt Genthin Nr. 262/1947)

Der Wachtmeister der Landpolizei Gustav Friedrich Hermann Alex

wohnhaft in Schlagenthin, Kreis Jerichow II

ist am 6. Juni 1947 um 2 Uhr Minuten

in Genthin im Johanniter-Krankenhause verstorben.

Der Verstorbene war geboren am 16. Juni 1905

in Klietz, Kreis Jerichow II

Auszug aus der Sterbeurkunde des Landpolizisten.

In den frühen Morgenstunden des 28. August wird der Mörder in den Keller des einstigen Schlosses, das seit 1874 als Zuchthaus dient, geführt. Dem Verurteilten werden die Hände gebunden. Sekunden später wird sein Kopf in die Aussparung unter dem Fallbeil gelegt. Lederlaschen fesseln seine Hände. Ein Mann tritt aus dem Schatten des Gerüstes hervor. Ein Griff nach dem Hebel. Das geschliffene Stahlblatt trennt zwischen dem vierten und fünften Halswirbel den Kopf vom Rumpf. Kurz darauf wird der Sarg mit dem Toten durch das Zuchthaustor an der Elbseite hinausgetragen.

Am 21. November 1947 war Golz vom Schwurgericht in Magdeburg zum Tode verurteilt worden. Das Gericht sah es für erwiesen an, dass er im Sommer des Jahres einen Polizisten ermordet hatte.

Golz galt als Kopf einer 21 Mann starken Räuberbande. Aus heutiger Sicht ist diese Behauptung allerdings nicht völlig aufrechtzuerhalten. Fakt ist, dass der Genthiner seinen Lebensunterhalt mit Einbrüchen, Diebstählen und Wilddieberei bestritt.

Zumeist sind es Verwandte, die ihn zwischen November 1946 und Juni 1947 auf seinen Raubzügen begleiten: Erich Methner (32) und Horst Paul (20/Name geändert) aus Genthin, Walter Flacke (37) aus Staßfurt und Willi Biermann (36) aus Plau-Havel. Sie wildern, stehlen Vieh, Geflügel, Wäsche, Bekleidung,

Fahrräder, Möbel. Alles, was sich irgendwie zu Geld machen lässt, nehmen die Diebe mit. Selbst in Eisenbahnwaggons und auf einem Schiff brechen sie ein.

In unterschiedlicher Besetzung gehen die fünf auf Achse – zuerst in Altenplathow und Kleindemmin, später auch in Genthin, Roßdorf, Brettin, Schlagenthin, Zabakuck, Kleinwusterwitz, Vehlen und Kade. Sie brechen zumeist in leerstehende Gehöfte ein, die Methner vorher ausgekundschaftet hat.

Der Prozess wird später ans Tageslicht bringen, dass sie sich bei ihren Raubzügen russische Worte zuriefen, teils sowjetische Uniformstücke trugen und Golz sich Militär-Rangabzeichen an die Jacke heftete, um den Verdacht auf die Besatzer zu lenken.

Horst Paul, der letzte Überlebende des Quintetts, erinnert sich. „In den Wäldern um Genthin herum lagen haufenweise Waffen aus dem Krieg. Ich habe einen Karabiner gefunden und bin damit auf Wildschweine und Rehe gegangen. Das war natürlich streng verboten. Aber zu Essen gab es ja kaum etwas. Auf illegalen Waffenbesitz standen nach Alliiertenrecht hohe Strafen."

Im Kreis Jerichow II (Genthin) geht die Angst um. Einzeln liegende Gehöfte werden nachts aus Furcht vor der Bande verlassen. Die Bewohner schlafen bei Bekannten.

Am 5. Juni 1947 sind Werner Golz und sein Schwager Horst Paul wieder mal auf verbotener Jagd. In den so genannten Vehlenschen Bergen, einem Kiefernwald bei Schlagenthin, liegen sie auf der Lauer. Bereits vor ihrem Streifzug hatte Golz befohlen: „Du schießt das Wild, ich die Polizei."

Die Bewaffneten werden von einem Fahrradfahrer in der Nähe eines Gehöfts in der „Dunke" entdeckt. Er meldet seine Beobachtung im Dorf.

Dort hat der Landpolizist Hermann Alex Dienst. Mit ein paar Männern läuft er in den Wald. „Als wir die Leute kommen sahen, sind wir weggelaufen und haben uns versteckt", sagt Paul.

Der 20-Jährige duckt sich hinter einem Gebüsch, sein zwei Jahre älterer Schwager hockt 20 Meter entfernt im Gestrüpp.

Wachtmeister Alex gibt einen Warnschuss in die Luft ab, ruft: „Kommt aus dem Gebüsch raus". Kurz darauf hört Paul einen zweiten Knall, der aus dem Nachbargebüsch kommt. Er springt auf, sieht Golz Fersengeld geben und rennt hinterher.

Polizist Hermann Alex ist zusammengebrochen. Der Schuss aus acht Metern Entfernung hat den 42-Jährigen tödlich verletzt. Er wird ins Genthiner Johanniter-Krankenhaus eingeliefert. Dort stirbt Alex

Wachtmeister Hermann Alex.

am 6. Juni um 2 Uhr. Die Diagnose lautet: „Lungendurchschuss, Oberarmschussbruch, Lungenblutungen, Wundschock“.

Horst Paul schläft in Heuschobern, klaut aus Gärten Obst. Immer in der Angst verhaftet zu werden. Doch der 19-Jährige ist frisch verheiratet. Nach zwei Tagen zieht es ihn zu seiner Frau nach Genthin. Doch die Gemeinsamkeit währt nicht lange. Kurz darauf wird er verhaftet.

„Die Polizei hatte bei ihren Recherchen erfahren, dass ich ein Gewehr habe. Dadurch sind sie auf mich gekommen“, erzählt Paul.

Auch andere Personen geraten durch die umfangreichen Ermittlungen ins Visier der Kripo. Allen ist gemein, dass sie unerlaubt Waffen im Haus haben. Aber bis auf das Quintett um Werner Golz hatten die anderen nie etwas mit den Einbrüchen und Diebstählen dieser Gruppe zu tun. Trotzdem heißt es in einem Zeitungsbericht vom Sommer 1947: „21-köpfige Verbrecherbande unschädlich gemacht. Den Festgenommenen konnten bereits 35 Verbrechen nachgewiesen werden“.

Horst Paul bleibt für einige Tage in einem Genthiner Polizeikeller. Dann wird er in ein NKWD-Gefängnis der sowjetischen Besatzer in Stendal verlegt. Auch Golz und sein Vater, der wusste, dass sein Sohn eine Waffe hatte, kommen in dem Gebäude des „Volkskommissariats des Innern“ hinter Schloss und Riegel. Doch dem Vater gelingt kurz darauf mit einigen Zellengenossen die Flucht. Sie setzen sich in die Westzonen ab.

Im Herbst werden die übrigen Täter den deutschen Behörden übergeben. Im Untersuchungsgefängnis in der Magdeburger Mittagstraße warten sie auf ihren Prozess. Der findet im November 1947 statt.

Golz, Paul, Methner, Flacke und Biermann müssen sich vor der 2. Strafkammer des Landgerichts verantworten. Die verurteilt Methner und Flacke zu fünf Jahren, Biermann zu zweieinhalb Jahren Zuchthaus. Der Urteilsspruch für Golz wegen Bandendiebstahls lautet: zehn Jahre. Der Polizistenmord wird abgetrennt und später verhandelt. Zuständig dafür ist das Magdeburger Schwurgericht.

Gegen Horst Paul verhängt das Gericht am 20. November 1947 das Urteil: zwölf Jahre Zuchthaus. Zehn Jahre für den unerlaubten Waffenbesitz, zwei Jahre für den Bandendiebstahl. „Mein Pflichtanwalt ging in Berufung“, sagt Paul. „Das Ergebnis waren drei Jahre Haft mehr.“

Horst Paul erinnert sich an seinen hilflosen Versuch, dem Richter zu erklären, warum er mit dem gefundenen Militärkarabiner gewildert hat – weil er für seine Frau etwas für den Kochtopf heranschaffen wollte. Doch der Richter schleuderte ihm entgegen: „Ich habe auch nur meine Lebenmittelmarken und muss damit auskommen.“

Am 21. November 1947 spricht das Schwurgericht über den Polizistenmörder Golz das Urteil: Tod durch Enthaupten.

Sowohl Paul, als auch Golz kommen in das Hochsicherheitsgefängnis in Coswig. Dort wird Golz Ende August 1948 hingerichtet. Am selben Tag sterben drei weitere Verurteilte unter der transportablen Guillotine. Insgesamt werden in Coswig zwischen 1945 und 1956 15 Straftäter hingerichtet.

Horst Paul richtet sich in Coswig ein. Er gilt als vorbildlicher Häftling, der seine Taten längst bereut hat. Nach ein paar Jahren öffnet sich die Zellentür und ein neuer Häftling wird eingeschlossen. „Es war der Richter, der mich verurteilt hat", sagt Paul. „Er hatte sich von Bauern, die schwarz geschlachtet oder Fleisch in den Westen verschoben hatten, bestechen lassen. Für die Freisprüche hatte er so manche Speckseite gekriegt."

Die Justiz steckt den Richter genau in das Zuchthaus, in dem die meisten der von ihm Verurteilten sitzen. Erst, als man ihn fast totschlägt, wird er in eine andere Haftanstalt verlegt.

Walter Flacke aus Staßfurt, der zu fünf Jahren Haft verurteilt worden war, wird im März 1952 entlassen. Auf Grund seines Gnadengesuchs vom Mai 1951 ein viertel Jahr vor Ablauf seiner Strafe. Als Grund für die vorfristige Entlassung akzeptiert das Gericht die Tatsache, dass Flacke inzwischen geschieden ist. Seine Ex-Ehefrau hatte ihn zu den Taten angestiftet.

Horst Paul bleibt bis zum Mai 1955 in Haft. Nach acht Jahren wird er entlassen. Auch sein Gnadengesuch war befürwortet worden.

Die Ertrunkene aus der Elbe

„Wir Eltern können uns mit den Ermittlungen nicht zufrieden geben, da uns Vorgänge bekannt sind, die ein gewaltsames Verschwinden unserer Tochter nicht ausschließen“, schreibt August S. im Juli 1959 an die Staatsanwaltschaft. Zu diesem Zeitpunkt ermittelt die Burger Kripo im Fall der ertrunkenen Hildegard S. noch in Richtung Unfall oder Selbstmord.

Im Brief an den Magdeburger Bezirksstaatsanwalt und in einem Schreiben, das August S. kurze Zeit später an den Generalstaatsanwalt der DDR schickt, schildert er Begebenheiten, die seiner Meinung nach mit dem Tod seiner 29-jährigen Tochter im Zusammenhang stehen können.

Am 6. Mai 1959 hatte Hildegard S. von heute auf morgen Urlaub genommen und 1.484 Mark von ihrem Sparbuch abgehoben – bis auf eine Mark ihr gesamtes Bargeld. Zufällig fällt den Eltern der Auszahlungsbeleg in die Hände.

August S. stellt seine Tochter zur Rede, und sie erzählt unter Tränen, dass sie im sechsten Monat schwanger ist. Mit dem Geld habe sie fünf Tage später nach Berlin fahren und danach in den Westen gehen wollen.

Auch den Namen des Mannes, der sie geschwängert hat, nennt sie: Wilhelm K., Betriebsleiter des VEB Wohnungsverwaltung Burg und somit ihr Chef. „Wilhelm will mitkommen“, schluchzt die junge Frau. „Er hat Angst, dass er parteilich zur Verantwortung gezogen wird und seinen Posten verliert. Er ist doch verheiratet.“

Was sie nicht weiß, ist, dass K. bereits schon einmal großen Ärger bekommen hatte. Es war herausgekommen, dass er in einem Fragebogen die Mitgliedschaft in der Marine-SA verschwiegen hatte. Als das herauskam, flog er von seinem Posten als Leiter des Jugendreferats bei der Burger Kreisverwaltung. K. wusste, dass er eine neuerliche Chance nicht bekommen würde.

Im Dezember 1958 hatte der grau melierte 44-Jährige mit den charmanten Umgangsformen die Referentin für unbebaute Grundstücke zu sich nach Hause eingeladen. Die Gelegenheit, Hildegard S. „herumzukriegen“, schien ihm günstig. Seine Frau lag im Krankenhaus. Und der „Betriebs-Hahn“, wie er hinter vorgehaltener Hand genannt wurde, erreichte sein Ziel.

Der Tatort an der Elbe – hier bei Niedrigwasser.

Die Eltern überreden ihre Tochter, nicht wegzugehen. Und weil die Mutter auf Grund der Aufregung zudem einen Herzanfall bekommt, bleibt Hildegard S. in Burg. Sie will jedoch Klarheit und verlangt von Wilhelm K., dass er sich scheiden lässt. „Sonst gehe ich zu Deiner Frau“, droht sie ihm.

Der Betriebsleiter offenbart sich einer anderen Mitarbeiterin. Irmgard S. ist seit eineinhalb Jahren seine Geliebte. Sie verbindet eine Art Hörigkeit mit K. „Scheidung kommt nicht in Frage“, sagt Wilhelm K. „Ich stehe dir bei“, bietet die 47-Jährige ihrem Liebhaber an.

Gemeinsam überlegen die beiden, wie die „Sache ein für allemal aus der Welt zu schaffen ist“. Nur der Tod von Hildegard S. ist für sie die Lösung des Problems. Doch wie die 29-Jährige umgebracht werden soll, darüber ist sich das Paar vorerst nicht einig. Nur, dass es wie ein Unfall aussehen soll, wissen sie.

Planspiele. Irmgard S. soll die Schwangere einladen und mit vergiftetem Schnaps, Kaffee oder Wein ermorden. Doch Irmgard S. lehnt ab. Die Tote würde in ihrer Wohnung gefunden werden – zu gefährlich.

Irmgard S. soll mit Hildegard S. eine Radpartie machen. Und ihr bei einer Rast im Wald ein vergiftetes Getränk reichen. Doch es scheitert an einem geeigneten Gift.

Der dritte Plan sieht vor, das Opfer vor einen Zug zu stoßen. Dazu sollte es unter dem Vorwand, sich noch einmal aussprechen zu wollen, von K. an die Straße zum Walzwerk Burg bestellt werden. Die Strecke Magdeburg-Berlin ist zwar viel befahren, aber weil am Bahnübergang ein Schrankenwärterhäuschen steht und in der Nähe ein Stellwerk, ist dem VEB-Chef und seiner Geliebten die Sache zu riskant. „Wir müssen mehrere hundert Meter an den Schienen entlang gehen“, gibt Irmgard S. zu bedenken. Außerdem ist ihr diese Mord-Variante „zu grausam“.

Da fällt ihnen die Elbe ein. „Hildegard ist Nichtschwimmerin“, weiß Irmgard S. Schon am nächsten Tag will das Paar seinen Plan umsetzen.

Der Betriebsleiter bestellt die von ihm Geschwängerte an die Blumenthaler Kanalbrücke. Dort soll seine Geliebte Hildegard S. ins Wasser stoßen. Doch das Vorhaben misslingt. Als Hildegard S. sieht, dass nicht Wilhelm K., sondern Irmgard S. auf sie wartet, lässt sie sich auf keine Diskussionen ein. „Wenn Wilhelm etwas von mir will“, ruft sie erbost, „kann er mich gern sprechen. Aber nur in der Wohnung meiner Eltern.“

Am 23. Mai 1959 nimmt das Pärchen die Elbe beim Burger Ortsteil Blumenthal näher unter die Lupe. Irmgard S. kennt sich aus, weil ihr Mann dort geangelt hat. „Da gibt es eine Verladerampe“, zeigt sie Wilhelm K., „deshalb ist das Wasser bereits in Ufernähe sehr tief.“

„Wirst du es auch schaffen?“, fragt der 44-Jährige seine Geliebte. „Ich tue für dich alles“, so die eindeutige Antwort.

Am Dienstag, nachdem Hildegard S. von ihrem Urlaub in Thüringen zurück ist, teilt ihr Wilhelm K. mit, dass sie dienstlich nach Blumenthal müssen. Auch Irmgard S. nimmt wenig später im blauen Privat-Wartburg des Chefs Platz.

„Ich muss noch schnell zum Buchhalter“, sagt er den Frauen, als er auf den Hof des Volksgutes gefahren ist. „Ihr könnt euch ja solange die Beine vertreten.“

Es ist gegen 11.30 Uhr, als die beiden Frauen an den Rinderställen vorbei zum Elbdamm gehen. „Ach die Elbe …“, sagt Hildegard S. „Kennen Sie die Elbe nicht?“, fragt ihre Kollegin lauernd. „Doch, aber hier nicht.“

Hildegard S. und Irmgard S. beginnen, auf einem Buhnenkopf Steine und Stöckchen ins Wasser zu werfen.

Ein paar Minuten später taucht Irmgard S. völlig aufgelöst an den Bauarbeiterwagen hinter dem Damm auf. „Hilfe!“, ruft sie, „meine Kollegin ist ins Wasser gefallen!“

Dann rennt sie zum Gutshof weiter und alarmiert Wilhelm K. Der Buchhalter des Volksgutes ruft Feuerwehr und Polizei an. Doch die finden von der jungen Frau keine Spur mehr. Erst am 31. Mai 1959 wird ihre Leiche am Elbkilometer 370 bei Parey angeschwemmt. Ein Angler wird gegen 8 Uhr auf den Körper aufmerksam und zieht ihn an Land.

Die Untersuchung scheint die Version von Irmgard S. zu bestätigen, die junge Frau sei ausgerutscht und ertrunken. Dass die freundliche Vorsitzende der Betriebsgewerkschaftsleitung etwas mit dem Tod der Referentin zu tun haben könnte, glaubt keiner.

Auch die Burger Kripo sieht keine Anhaltspunkte für ein Verbrechen. Erst als der Vater des Opfers Sturm läuft und der Fall der Mordkommission in Magdeburg übergeben wird, bekommen die Ermittler erhebliche Zweifel an der Aussage von Irmgard S.

Am 6. November 1959 werden Wilhelm K. und Irmgard S. verhaftet. Aus den intensiveren Recherchen hatte sich ein dringender Tatverdacht ergeben. Obwohl sich beide nach der Tat auf der Rückfahrt zur Wohnungsverwaltung geschworen hatten, nie die Wahrheit zu verraten, gestehen der Betriebsleiter und seine Mitarbeiterin bereits in der Voruntersuchung die Tat.

„Ich habe Frau S. von hinten mit beiden Händen einen Stoß gegeben“, so die Mörderin. „Sie fiel flach aufs Wasser und ging sofort unter. Als sie hoch kam, war sie schon zwei Meter vom Buhnenkopf weg.“

Am 22. Dezember 1959 beginnt vor dem II. Strafsenat des Magdeburger Bezirksgerichts der Prozess. Dabei wird auch das Gespräch zwischen den beiden Tätern unmittelbar nach dem Mord protokolliert: „Wilhelm K.: ‚Ich hätte nicht gewusst, was ich hätte tun sollen, wenn ihr *beide* wieder von der Elbe zurückgekehrt wärt.‘ Irmgard S.: ‚Es war nicht allzu schwer.‘ “

Ein Gutachter charakterisiert das Verhältnis zwischen den beiden: „Frau S. konnte sich mit K. verständigen, sie konnte seinen Befehlen gehorchen, ohne, dass sie nur ein Wort miteinander sprachen.“

Am 23. Dezember 1959 werden K. und S. wegen gemeinschaftlichen Mordes zu lebenslänglichen Zuchthausstrafen verurteilt.

Wilhelm K. stirbt Heiligabend 1968 im Zuchthaus Brandenburg. Irmgard S. kommt am 1. März 1978 durch einen Gnadenerlass des Staatsrates frei.

Der Frauen-Mord im Glacis

„Da hast du dich von der Braut ganz schön anschmieren lassen“, geht es dem 30-Jährigen an jenem 12. Mai 1965 durch den Kopf. Ein paar Minuten zuvor hatte er seiner Nachmittagsbekanntschaft die Aktentasche gegeben und war auf die öffentliche Toilette am Magdeburger Damaschkeplatz gegangen. Als er wieder auf der Straße steht, ist die Frau weg – samt der Tasche.

Wutentbrannt läuft Dieter L. kurz nach Mitternacht zum Hauptbahnhof. Denn er erinnert sich daran, dass ihm die 33-Jährige im Laufe des Mittwochs erzählt hat, sie wolle mit der Straßenbahnlinie 6 zum Herrenkrug fahren – zum Onkel. Doch als er zur Haltestelle kommt, ärgert sich Dieter L. noch mehr: Keine Spur von seiner Bekannten.

Das Opfer Margarete St.

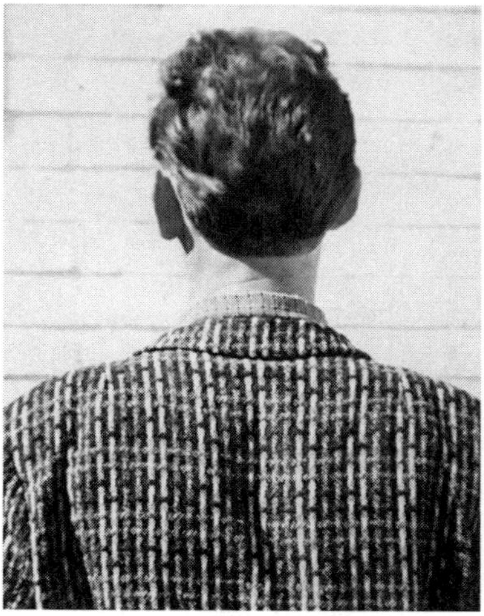

Der Täter Dieter L.

Er macht kehrt und will nach Hause in den Westring. Der 30-Jährige nimmt den Weg durch den Glacis-Park. Und er glaubt seinen Augen nicht zu trauen – am Immermanndenkmal steht die Blonde.

Sie hat sich inzwischen aus der hellbraunen Aktentasche bedient und die Damenschuhe angezogen, die sie darin gefunden hat.

Auf die Frage, warum sie nicht auf ihn gewartet hat, antwortet Margarete St. mit treuem Augenaufschlag. „Ich bin nur schon voraus gegangen, weil es mir zu lange gedauert hat.“ L.s Wut ist verraucht, und er gibt sich damit zufrieden.

Die Frau mit der Ponyfrisur und der Stupsnase will nun zur Schwester nach Buckau. „Ich bringe dich durchs Glacis bis zum Bahnübergang Sachsenring“, schlägt L. vor.

Es ist nach 1 Uhr, als Margarete St. den Weg auf dem kleinen Plateau verlässt und ins Gebüsch geht. Als der verdutzte Mann hinterhertapst, lockt sie ihn mit den Worten: „Ich will dir was zeigen.“ Dabei zieht sie sich ihr Höschen aus.

Am Morgen des 12. Mai 1965 hatte Dieter L. wie immer die Wohnung verlassen. Seine Mutter hatte geglaubt, dass er zur Arbeit geht.

Doch Arbeit ist für den 7-Klassen-Schüler ein rotes Tuch. Der gelernte Feuerungsmaurer hat das Stullenpaket eingepackt und auch das Geld in die Tasche gesteckt, das ihm die Mutter für Zigaretten auf den Tisch gelegt hat. Dann ist er an den Wäscheschrank gegangen und hat drei nagelneue Tischtücher, einen Bettbezug und ein Kaffeedeckchen sowie ein Paar Schuhe der Mutter eingepackt.

Anstatt zur Arbeit im Gleisbaubetrieb geht er zur Pfandleihe und versetzt die Sachen, die er der Mutter aus dem Schrank geklaut hat. 27 Mark kriegt er dafür. Die getragenen Schuhe muss er wieder mitnehmen. Er verstaut sie in seiner Aktentasche.

Die Tasche, die der Täter am Tatort vergaß.

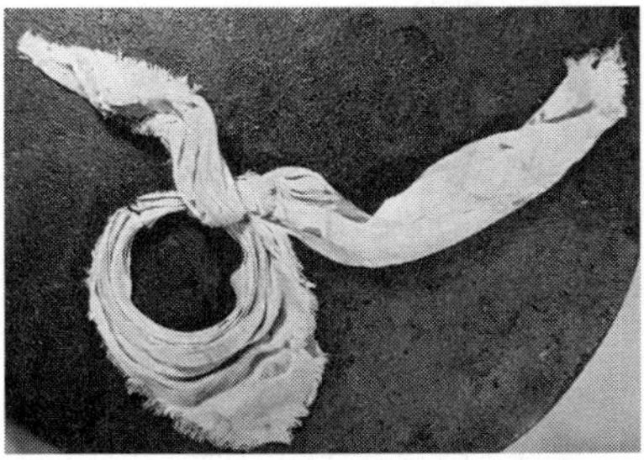

Die Mordwaffe, der Seidenschal.

Gegen 15.30 Uhr geht er zur HO-Gaststätte „Börde-Bräustübl“ in der Halberstädter Straße 120. Dort trifft er Margarete St., die sich mit zwei Männern unterhält. Dieter L. setzt sich dazu. Im Laufe des Geprächs sagt er, dass er abends ins Kino will. „Flipper“ läuft im „Oli“. „Will einer mitkommen?“, fragt er. Die Männer winken ab. Ihr Durst ist noch nicht gelöscht „Wenn es Ihnen nichts ausmacht, würde ich mitgehen“, antwortet die blonde Frau mit den blaugrauen Augen.

Um 19.30 Uhr verlassen die beiden das „Bräustübl“. „Ich heiße Moni“, sagt die Frau ihrer Errungenschaft auf dem Weg ins Kino.

Nach der Vorstellung will der 30-Jährige noch ein paar Bier trinken, seine Partnerin hat Hunger. Sie gehen zu „Fredderichs“ in der Großen Diesdorfer Straße. Dieter L. trinkt fünf Bier, „Moni“ St. isst Bockwurst mit Kartoffelsalat. Dabei beichtet „Moni“, dass sie gar nicht „Moni“ sondern Margarete heißt. Beide zeigen sich ihre Personalausweise. Um 24 Uhr verlassen sie das Lokal.

Am Damaschkeplatz gibt Dieter L. der neuen Freundin seine Kunstlederaktentasche und geht auf die Toilette.

Eindeutiger kann für Dieter L. eine Stunde später das Angebot der „mehrfach wegen gewerbsmäßiger Unzucht aufgefallenen HWG-Person (häufig wechselnde Geschlechtspartner)“ im Glacis-Gebüsch nicht sein. Da bedarf es nicht erst der Worte „komm man“ und der Aufforderung, seine Jacke auszuziehen und auf die Erde zu legen.

Doch der Alkohol fordert seinen Tribut. Dieter L. kann der Frau nicht das bieten, was sie von ihm erwartet. Als er ihr zudem noch das Oberteil des blau-rot-geblümten Perlonkleides zerreißt, wird Margarete St. ungehalten. Ihr Ärger steigert sich noch mehr, als sie der Mann schmerzhaft beißt. „Ich zeige dich an“, schimpft sie.

Der verhinderte Liebhaber schlägt ihr dreimal mit der flachen Hand ins Gesicht. Die Enttäuschte revanchiert sich, indem sie ihn dafür in eine empfindliche Stelle kneift. Dabei wiederholt sie die Drohung, ihn anzuzeigen und schreit.

Dieter L. bekommt den Slip der Frau in die Hand und stopft ihn ihr in den Mund. Dann würgt er sein Opfer. Er will sie töten, damit sie ihn nicht anzeigen kann. In diesem Moment verflucht er, dass er der Frau seinen Personalausweis gezeigt hat. „Die weiß genau, wer ich bin“, schießt es ihm durch den Kopf.

Sein Blick fällt auf den Ärmel des gelb melierten Wintermantels, der neben der Frau auf der Erde liegt. Im Ärmel steckt ein Seidentuch. Er zieht es heraus, hebt den Kopf der Blonden an und windet das Tuch um den Hals. Dieter L. zieht zu und verknotet das Mordinstrument zweimal. Augenblicke später ist Margarete St. tot.

Um die Identifizierung zu erschweren, sucht der Mörder in der hellgrauen Einkaufstasche nach persönlichen Papieren der Frau. Er nimmt den Personalausweis heraus. Bevor er den Tatort verlässt, sticht der 30-Jährige den Regenschirm in den Körper der Toten. „Vielleicht hast du nun genug!“, schimpft er dabei vor sich hin.

Er flieht über die Gerhart-Hauptmann-Straße. Dort wirft er den Ausweis seines Opfers weg.

Dass er einen verhängnisvollen Fehler gemacht hat, ahnt Dieter L. da noch nicht. Erst, als er zu Hause ist, bemerkt er, dass er seine Aktentasche neben der Leiche vergessen hat. Darin befinden sich seine Badehose und eine Volksstimme, in die das Frühstücksbrot eingewickelt ist.

Am Mittag des 13. Mai nimmt ein Mann den Weg durch den Park. Er will zur Medizinischen Akademie. Doch dorthin kommt er an diesem Tag nicht. Um 13.25 Uhr findet er eine Tote. Es ist die polizeibekannte Margarete St., die ihre Männerbekanntschaften vorwiegend im „Herrenkrug“ gemacht hat. Und wie es der Zufall will, er kennt die Frau vom Sehen, weiß aber nicht, wie sie heißt.

Die Kripo geht mit dem Fall der unbekannten Toten an die Öffentlichkeit. Am 14. Mai 1965 bittet die Polizei in der Volksstimme um Mitarbeit. Eine detaillierte Personenbeschreibung wird abgedruckt. Einen Tag später steht fest, wer die Tote vom Glacis ist.

Anfang Juni greifen die Ermittler zu einem ungewöhnlichen Mittel, um auf die Spur des Täters zu kommen. Im HO-Pelzmoden wird die Bekleidung von Margarete St. ausgestellt, dazu ein Groß-Porträt des Opfers.

Auf Dieter L. fällt vorerst kein Verdacht. Der Mann, der allein 1965 13-mal die Arbeitsstelle gewechselt hat, dem mehrfach fristlos gekündigt wurde, soll ein Jahr zur Arbeitserziehung. Er ist mit Unterhaltszahlungen im Rückstand. Doch bevor es dazu kommt, setzt er sich ab. Er will in den Westen, wird jedoch am 13. Juli 1965 auf dem Bahnhof von Wittenberg geschnappt.

Auf der Volksstimme in der vergessenen Aktentasche wurden inzwischen Teil-Fingerabdrücke sichergestellt. Der Vergleich mit den Abdrücken des Gefassten belegt zweifelsfrei: Die Tasche neben der Toten war die von Dieter L. Er gesteht die Tat.

Am 4. August 1966 wird der Magdeburger Glacis-Mörder vom III. Strafsenat des Bezirksgerichts zu einer lebenslangen Zuchthausstrafe verurteilt. Der Gutachter Dr. Szewczyk spricht im Zusammenhang mit den Tatumständen von einer „Schändungshandlung, die zwar nicht der Logik entspricht, aber dem abnormen Trieb“ des Täters.

Dieter L. wird attestiert, dass sein „Stammhirn – das Zentrum für Gefühl-, Gemüts- und Sexualfunktionen – geschädigt ist“. Daraus resultiere „erheblich verminderte Steuerungsfähigkeit“ Dieses Gutachten ist ausschlaggebend dafür, dass der Mörder nicht zum Tode verurteilt wird.

Im Dezember 1982 wird Dieter L. aus dem Zuchthaus Brandenburg entlassen. Sein Gnadengesuch war vom Vorsitzenden des Staatsrates der DDR unterschrieben worden.

Aktuelle Ergänzung siehe Seite 138

Der Mann im blauen Sporthemd

„1.000 Mark Belohnung“ werden am 19. Oktober 1968 in der Volksstimme in der Rubrik „Aus Stadt und Kreis Genthin“ demjenigen angeboten, der Hinweise zur Ergreifung eines Mörders gibt. Grund für den öffentlichen Aufruf der Polizei ist der Überfall auf die Geschwister Monika (17) und Edeltraud (12) aus Jerichow. Der unbekannte Täter hatte dabei die 17-Jährige erschlagen.

Der 26. Oktober des Jahres 1968 ist gerade zwei Stunden alt, als sich ein schwarzhaariger Mann an einem Haus in Parey zu schaffen macht. Er drückt das nur angelehnte Küchenfenster auf, knipst seine Taschenlampe an und steigt ein. Leise schleicht er ins Obergeschoss. Dort schläft die 16-jährige Christine.

Der Einbrecher tritt ans Bett des Mädchens und schlägt ihr mit der Metall-Lampe an den Kopf. Im selben Moment zieht er Christine das Deckbett bis zur Hüfte herunter. Dann prügelt er weiter auf sie ein. Später wird er aussagen, dass er den Fotoapparat des Mädchens stehlen wollte.

Die 16-Jährige schreit vor Schmerz und Schreck. Das hören die Eltern nebenan. Doch bevor der Vater im Kinderzimmer ist, flieht der Täter.

Nachdem sich der Mann um seine Tochter gekümmert hat, will er zum Dorfpolizisten. Was er nicht weiß, ist, dass der Abschnittsbevollmächtigte kurz zuvor umgezogen ist. Doch der Zufall ist unberechenbar. In das Haus des ABV sind ein 27-Jähriger und seine Mutter eingezogen. Wolfgang N. ist wenige Minuten zuvor nach Hause gekommen. Im Hausflur brennt noch Licht.

Kurz, nachdem der Heizer Wolfgang N. am nächsten Tag gegen 12.30 Uhr in der Genthiner LPG „Traktor“ mit der Arbeit begonnen hat, wird er festgenommen. Der Haftbefehl lautet auf „Mordversuch“.

Vieles spricht dafür, dass N. der Täter ist. So fehlen ihm für sein Alibi rund 45 Minuten. Erwiesen ist, dass der LPG-Arbeiter am Abend des 25. Oktober 1968 in Bergzow in einer Kneipe war. Von dort war er nach 24 Uhr mit dem Fahrrad aufgebrochen. Er selbst gibt an, dass er „im schlechtesten Falle 30 Minuten“ für die sechs Kilometer bis Parey braucht. Zu Hause kam er jedoch erst nach 2 Uhr an.

Wichtig ist zudem die Aussage eine Lkw-Beifahrers. Er hätte Wolfgang N. sehen müssen, wenn dieser zu der Zeit unterwegs gewesen wäre, die er angibt.

Der Verdächtige kennt das Haus, in dem die 16-Jährige krankenhausreif geschlagen wurde. Seine Mutter und er hatten im Nachbarhaus gewohnt und waren dort manchmal zum Fernsehen. Außerdem muss er beim Heimweg dort vorbei.

Die Lüge, dass er keine Taschenlampe besitzt, hat auch kurze Beine. In seiner Aktentasche im LPG-Umkleideschrank wird die Lampe gefunden.

Bei der ersten Vernehmung „verplappert“ sich der Beschuldigte zudem. Er sagt, dass Christine „in der Wohnung erschlagen“ wurde. Dass sich der Überfall im Hause abgespielt hat, wussten jedoch nur die Eltern des Opfers und sie hatten über den Ort nicht gesprochen.

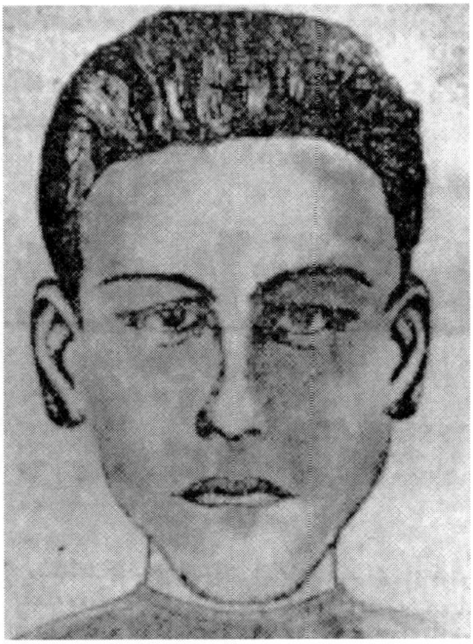

Das Phantombild des Mörders wurde am 19. Oktober 1968 in der Volksstimme veröffentlicht.

Der Fall steht wenige Stunden nach der Tat vor dem Abschluss. Da machen die Ermittler eine Entdeckung, die sie hoffen lässt, auch ein anderes Kapitalverbrechen aufklären zu können, das 16 Tage zurückliegt.

Der Hinweis ergibt sich aus der Hausdurchsuchung bei Wolfgang N. Dort wurde neben Schmuck, der aus einem Einbruch in der Industrieverkaufsstelle Parey stammt, auch ein Hemd – blau und kurzärmlig – sichergestellt. Und ein ähnliches Bekleidungsstück – ein blauer Pulli – hatte in der Aussage einer 12-Jährigen aus Jerichow eine Rolle gespielt.

Am 10. Oktober 1968 wollen Monika (17) und Edeltraud (12) aus Jerichow im Wald zwischen Jerichow und dem Bahnübergang Jerichow-Klietznick Pilze sammeln. Gegen 17 Uhr bemerken sie, dass ihnen ein schwarzhaariger Mann von der rechten Waldseite über die Fernverkehrsstraße 107 in den Hagen 404 auf der anderen Seite folgt.

Der Mann hat ein „schwarzes, klappriges Fahrrad" bei sich, wie sich Edeltraud später erinnert. Die12-Jährige ist zu diesem Zeitpunkt ein ganzes Stück von der Schwester entfernt.

Etwa 200 Meter vom Ascheplatz an der Fernverkehrsstraße 107 spricht er die 17-Jährige an: „Na, schon Pilze gefunden?" Dann fasst er das Mädchen, dass ihm den Rücken zugewandt hat, von hinten um. Als sich Monika empört umwendet, greift er ihr mit beiden Händen um den Hals, um sie an sich heranzuziehen.

Monika gibt ihm eine Ohrfeige und versucht wegzulaufen. Doch der Mann stellt ihr ein Bein. Das Mädchen stolpert zwei, drei Schritte und verliert den rechten Schuh. Schon ist der Täter zur Stelle. Er hält sie mit einer Hand fest, ruft: „Was soll das?“ und schlägt sie mit einem 30 Zentimeter langen und 5 Zentimeter dicken Fichten-Knüppel, den er vom Waldboden aufgehoben hat. „Hau ab!“, schreit Monika den Schwarzhaarigen an. „Ich verschwinde aber nicht“, gibt der zurück. Dann hämmert der Mann im „blauen Pulli“ wieder auf Kopf und Rücken von Monika ein. Die 17-Jährige bricht zusammen. Als sich das Mädchen nicht mehr rührt, dreht der Mann sein Opfer auf den Rücken und greift erneut zum Knüppel.

Die zu Tode erschrockene Edeltraud hat aus rund 35 Metern Entfernung beobachtet, was der Schwarzhaarige getan hat. Sie flieht zur Straße. Dort kommt gegen 17.30 Uhr Heinz R. mit seinem Trabant vorbei. Die 12-Jährige hält das Auto an. Im Scheinwerferlicht sehen sowohl Edeltraud als auch Heinz R. den Täter über die F 107 laufen. Dort hat der Mann sein Fahrrad in einem Gebüsch versteckt. Er flieht über die Betonstraße.

Zu Hause erzählt Edeltraut der Mutter, was passiert ist. Der ABV wird alarmiert. Kurz nach 18 Uhr wird Monika im Wald gefunden. Minuten später stirbt sie an Hirnlähmung nach Zertrümmern des Schädels durch „starke, umschriebene, mehrfache, stumpfe Gewalt“ und Verbluten nach außen.

Die Magdeburger Mordkommission ermittelt. Die Kriminalisten setzen auf die Personenbeschreibung der Schwester. Die Polizei beginnt alle Männer, die in das Raster passen, die der Beschreibung ähnlich sehen, die ein Fahrrad haben, aber für die Tatzeit kein Alibi, die wegen Sexualstraftaten polizeibekannt sind, zu überprüfen. Ein Verdächtiger wird bereits gut fünf Stunden nach der Tat von einer Funkstreife festgenommen. Aber der Mann aus Tangerhütte muss ebenso frei gelassen werden, wie vier weitere Tatverdächtige

Drei Wochen später sind sich die Kriminalisten so gut wie sicher, dass Wolfgang N. der Jerichower Wald-Mörder ist. Allerdings erkennt ihn Edeltraud nicht 100-prozentig als den Täter wieder. Bei einer Gegenüberstellung pickt sie zwei Männer aus der Personengruppe heraus – einer davon ist Wolfgang N. Der habe die größte Ähnlichkeit mit dem Mann aus dem Wald, gibt Edeltraud zu Protokoll.

Mit den Aussagen und den objektiven Beweisen konfrontiert, gesteht der 27-Jährige am 16. November 1968 sowie danach bei sechs weiteren Verhören den Mord. Am 10. Oktober 1968 – so seine Aussage – habe er nach Jerichow fahren wollen, um sich dort im Lehrlingswohnheim des Volksgutes eine Frau zu suchen, mit der er „etwas anfangen“ konnte. Dass es nicht zur Vergewaltigung des Opfers kam, habe lediglich daran gelegen, dass er Angst vor der Entdeckung hatte, heißt es später im Urteil.

Wolfgang N. wird in einem Gutachten des psychiatrischen Haftkrankenhauses Waldheim als „hinterlistig und durchtrieben“ bezeichnet. Das habe er durch eine freundliche und herzliche Fassade verdeckt.

Zehn Jahre hat der Pareyer, der in Kinderheimen und im Jugendwerkhof aufgewachsen ist, vor seiner Tat bereits in Haft verbracht. 1960 und 1964 ist er wegen „Notzucht an Kindern“ verurteilt worden.

Wie unberechenbar und brutal er ist, listet das Gutachten an Hand einiger Taten auf. So hat er seine Schwester im Streit durch Messerstiche verletzt und wollte einen Mann, mit dem er eine Auseinandersetzung hatte, aus dem fahrenden Zug werfen. Insgesamt war er seit 1956 neun Jahre und drei Monate im Gefängnis.

Für den 15. Januar 1969 ist eine Tatort-Rekonstruktion geplant. Doch plötzlich will Wolfgang N. die Gegend gar nicht kennen und lehnt den Ortstermin ab, den er zuvor selbst wollte. „Beweisen Sie mir, dass ich die Tat begangen habe. Ich mache hier nicht mit“, sagt er und widerruft sein Geständnis.

Er kann sich nun auch nicht mehr daran erinnern, dass er seinem Mitgefangenen Klaus L. in der Untersuchungshaft erzählt hatte, wie er die Tat bei Jerichow beging. Er hatte – so die Aussage des Knast-Genossen – sogar eine detaillierte Lageskizze der Tatgegend angefertigt.

Er habe seine Ruhe vor der Fragerei der Polizei haben wollen, begründet Wolfgang N. seine Geständnisse. „Erst nach Monaten ist mir klar geworden, was mir passieren kann“, so der 27-Jährige. Den Einwand des Staatsanwaltes, dass jeder die Strafe für Mord kenne, wischt der Tatverdächtige mit einer Handbewegung weg.

Am 16. Juni 1970 beginnt vor dem III. Strafsenat des Magdeburger Bezirksgerichts der fünftägige Prozess gegen N.

Am 25. Juni wird er wegen Mordes, versuchter Vergewaltigung und vorsätzlicher Körperverletzung im Falle der Jerichower Geschwister und wegen Körperverletzung und versuchten Diebstahls im Fall „Christine“ zu einer lebenslänglichen Haftstrafe verurteilt. Die Berufung wird abgelehnt.

Wolfgang N. wird am 12. Dezember 1989 amnestiert. Am 1. Februar 1990 ist er frei. Er lebt heute wieder in Sachsen-Anhalt.

Der Ripper von Magdeburg

Mörder Peter A., der Ripper von Magdeburg

Hauptmann der Kriminalpolizei Ernst Schmidt ist der erste Kriminalist, der am Mittag des 24. Februar 1973 die Dachwohnung am Magdeburger Südring 112 betritt. Schutzpolizisten haben die Kripo informiert. Sie sind von Hausbewohnern darauf aufmerksam gemacht worden, dass in der Wohnung von Ingrid R. (22) „irgendetwas nicht stimmt“.

In der Nacht vom 23. auf den 24. Februar habe es großen Radau gegeben, auch von Schreien ist die Rede. Aber noch verdächtiger ist den Mietern die Stille, die seitdem dort oben herrscht. Beim Blick durchs Schlüsselloch der beschädigten Wohnungstür glaubt ein Bewohner Blut zu erkennen.

Was der stellvertretende Leiter der Morduntersuchungskommission vorfindet, hat sich bis heute in sein Gedächtnis eingebrannt. „Alles war voller Blut – die Küche, die Stube, die kleine Kammer. Es sah aus wie in einem Schlachthaus“, sagt der jetzige Rentner zur Volksstimme.

Die Ermittler waten regelrecht im Blut. Sie finden die Leichen zweier Frauen. Die 17-jährige Ilona J. liegt nur mit einem Pullover bekleidet in der Stube auf dem Boden, ihre Freundin Ingrid R. auf dem Sofa.

Kripo-Leutnant Siegmar Ludwiczak ist als Kriminaltechniker der Mordkommission dafür zuständig, den Tatort zu dokumentieren. Er macht Fotos. Bei ihrer Tatortarbeit finden die Kriminalisten von der Bezirksbehörde der Deutschen

Opfer Ingrid R. (22)

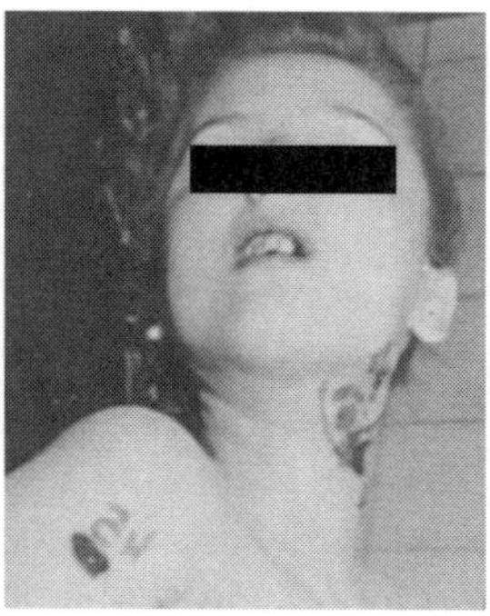

Opfer Ilona J. (17)

Opfer Frank L. (20)

Volkspolizei (BdVP) auf einem Sessel unter einem Kleiderberg den Personalausweis von Frank L. „Zuerst haben wir gedacht, dass L. der Mörder ist und seine Papiere vergessen oder verloren hat", blickt Ludwiczak zurück.

Doch diese These hat nur Minuten Bestand. Während Schmidt bereits unterwegs ist, um die Fahndung einzuleiten, wird ein dritter Toter gefunden. „Als ich in der Kammer das Kinderbett voller Müll sah, habe ich gedacht: ‚Um Himmelswillen, finden wir noch das Kind von Ingrid R.?' ", erinnert sich der Kriminaltechniker. Doch es ist an diesem Tag bei der Oma.

Aber der Kripo-Fotograf macht eine andere schreckliche Entdeckung. Als er den Haufen Kleidung näher betrachtet, der neben dem Kinderbett liegt, sieht er einen Fuß aus der Wäsche ragen. „Wir fanden die unbekleidete Leiche Frank L.s", sagt Ludwiczak. Der 20-Jährige war wie die anderen beiden Opfer erstochen worden. Ludwiczak: „Wir waren einiges gewöhnt, aber was wir da vorfanden ..." Der Einsatzleiter ordnet „N 2" an – Nachrichtensperre. Alles, was von nun an über Funk an die BdVP geht, wird verschlüsselt.

Die Küche war wie alle anderen Zimmer der Tatwohnung mit Blutlachen übersät.

Die Ermittlungen im familiären Umfeld der Toten führen bereits wenige Stunden später auf eine heiße Spur. Dieter S., der Stiefvater von Ingrid R., erzählt der Mordkommission, dass er bis gegen Mitternacht im Haus am Südring gewesen ist. Seine Aussage bringt den entscheidenden Ermittlungsansatz.

Am 23. Februar 1973 hatte Dieter S. seiner Stieftochter und ihrer Freundin Ilona J. beim Möbeltransport geholfen. Abends sei dann Peter A. dort aufgetaucht. Der 20-Jährige war mit Ilona J. befreundet gewesen, bis die Beziehung auseinandergegangen war.

Beim Namen Peter A. wird die Kripo hellhörig. Natürlich kennen die Magdeburger Kriminalisten das Vorstrafenregister des 20-Jährigen. Recht früh schon hatte das damalige Heimkind eingebrochen und gestohlen. 1969 kam es deshalb in einen Jugendwerkhof. 1971 wurde A. zu einer Haftstrafe verurteilt. Er war mit einem Messer auf seinen Vater losgegangen. 1972 wurde er entlassen. Seitdem lebte der junge Mann mit Ilona J. zusammen. Als er nach erneuten Einbrüchen wieder in den Knast kam, zog die 17-Jährige bei ihrer Bekannten Ingrid im Südring ein. Ilona war nun mit dem Bahnpost-Kraftfahrer Frank L. befreundet.

Als A. abends in die Wohnung am Südring kommt, ist er gerade drei Tage aus der Haft entlassen. Das will er feiern. Es wird Sekt getrunken. Aber richtige Stimmung – so die Aussage des Stiefvaters – sei nicht aufgekommen. A. habe den ganzen Abend „dumme Bemerkungen zu Ilona gemacht" und sich keine Mühe gegeben, seine Eifersucht zu verbergen.

Am späteren Abend klingeln zwei junge Männer an der Wohnungstür. Es sind Joachim A., der später für kurze Zeit als Tatverdächtiger festgenommen wird, und Frank L. Das ist Öl in A.s Eifersuchtsfeuer. Doch vorerst kann er sich noch mühsam beherrschen.

Kurz nach Mitternacht verlassen Dieter S., Joachim A. und Peter A. die Wohnung. „Ich habe gedacht, dass Peter A. nach Hause will", sagt später Ingrids Stiefvater.

Das Mord-Haus am Südring.

Das stimmte zwar, denn A. nimmt den letzten Bus nach Buckau. Doch unterwegs macht ihn seine Eifersucht rasend. Er geht in seine Wohnung in der Karl-Schmidt-Straße, nimmt sein Fahrtenmesser und läuft zurück zum Südring.

„Wir haben später rekonstruiert", sagt Kriminaltechniker Ludwiczak, „dass A. über den Bretterzaun auf den Hof des Hauses geklettert und von dort durch ein Fenster der Gemeinschaftstoilette in den Treppenaufgang gelangt ist."

Es ist 2 Uhr, als der Eifersüchtige die Wohnungstür auftritt. Er sieht den unbekleideten Frank L. vor sich. A. greift zum Messer und sticht auf den Mann ein. Später, bei der Obduktion, werden 65 Einstiche festgestellt. L. wehrt sich so gut er kann. Doch gegen den Rasenden, der sich in der kleinen Küche in einen Blutrausch steigert, hat er keine Chance.

Ilona J. versucht ihrem Freund zu helfen. Sie wird von über 80 Messerstichen getroffen. Die 17-Jährige wird bewusstlos.

Ingrid R., die in der Stube auf dem Sofa liegt, ist gelähmt vor Angst. Was um sie herum geschieht, macht sie unfähig, um Hilfe zu rufen oder wegzulaufen. A. setzt sich zu ihr aufs Sofa, redet auf die 22-Jährige ein. Erst da dringt ihr ins Bewusstsein, was sich in den letzten Minuten abgespielt hat. Sie schreit, schlägt um sich. A. hebt das Messer und zieht es mit großer Gewalt über den Hals des Opfers. Er zerfetzt die Kehle von Ingrid R.

„Dann legte er seine inzwischen ebenfalls tote Ex-Freundin Ilona im Wohnzimmer ab. In einer Art Kulthandlung bedeckte er sie mit einer Decke und streifte ihr den Ring vom Finger", beschreibt Kriminaltechniker Ludwiczak den Hergang. Peter A. kippt den Müll aus einem Eimer ins Kinderbett. Zuvor nimmt er aus dem Bett Kleidung und Bezüge und wirft alles über den Körper von Frank L. Dann säubert er sich im Eimer vom Blut seiner Opfer.

A. bleibt noch Stunden in der Wohnung am Südring, trinkt Wein und Bier. Bevor er nach Hause geht, zieht er die Sachen von Frank L. an und nimmt Geld aus dessen Brieftasche.

Als Kriminal-Hauptmann Ernst Schmidt am 25. Februar 1973 nach fast 24 Stunden Tatortarbeit das Mord-Haus am Magdeburger Südring verlässt und nach Hause geht, hinterlässt er blutige Schuhspuren im frisch gefallenen Schnee. Zu diesem Zeitpunkt hat sich der Verdacht gegen Peter A. bereits erhärtet.

Am selben Montag warten drei Kriminalisten in A.s Wohnung in Magdeburg-Buckau. Als der 20-Jährige nach Hause kommt, wird er festgenommen. Bei der Wohnungsdurchsuchung finden die Kriminalisten in den Hausmülltonnen Hose und Hemd des Verdächtigen. Beide sind blutgetränkt. Auch zwischen den Zehen wird Blut festgestellt. Es wird als das eines der Opfer analysiert.

Peter A. gesteht die Tat. Sein Geständnis deckt sich mit den Erkenntnisen der Rechtsmediziner und der Kriminaltechniker. Nur das Messer fehlt. Das habe er auf dem Südfriedhof weggeworfen, erklärt A. „Wir haben mit einem Minensuchgerät die bezeichnete Stelle abgesucht“, erinnert sich Ludwiczak, „aber die Tatwaffe nie gefunden.“

Anfang Februar 1974 findet vor dem 3. Strafsenat des Magdeburger Bezirksgerichts der Prozess gegen Peter A. statt. Das Gutachten des psychiatrischen Haftkrankenhauses Waldheim bescheinigt dem Täter volle Zurechnungsfähigkeit. Zwar habe er „ungünstige Entwicklungsbedingungen“ auf Grund schwieriger familiärer Verhältnisse gehabt, „doch stets wurde ihm durch die Fürsorge in unserem Staat die Möglichkeit gegeben, ein ordentlicher Mensch zu werden“, schreibt der Volksstimme-Gerichtsreporter am 7. März 1974.

Der Bezirksstaatsanwalt beantragt „auf Grund der Schwere der Straftat und zum Schutze der Bürger unseres sozialistischen Staates“ die Todesstrafe. In seinem letzten Wort bittet A. um ein mildes Urteil

Am 11. Februar schließt sich das Gericht auf Grund der „Skrupellosigkeit des Täters, der sich außerhalb der Gesellschaft gestellt hat“ dem Antrag des Staatsanwalts an.

Im April 1974 weist das Oberste Gericht die Berufung im Fall Peter A. als unbegründet zurück. Damit ist das Magdeburger Urteil rechtskräftig.

Zwei Jahrzehnte vergehen und nur die älteren Magdeburger wissen noch, was sich 1973 in dem Eckhaus am Südring für eine Tragödie abgespielt hat.

Da taucht der Name Peter A. plötzlich wieder auf. Der inzwischen 41-Jährige hat am 22. März 1995 erneut einen Menschen umgebracht. Erst da erfährt die Öffentlichkeit, dass der Ripper von Magdeburg 1974 nicht hingerichtet wurde.

Die politische Situation hatte A. vor dem Henker gerettet. Es war die Zeit der Konferenz für Sicherheit und Zusammenarbeit in Europa. Kritisch wurde registriert, dass es in der DDR immer noch die Todesstrafe gab. Die Regierung wollte ein politisches Zeichen setzen. Wenige Stunden vor der Hinrichtung wurde Peter A. vom DDR-Staatsratsvorsitzenden begnadigt.

Mit ausschlaggebend für diese Entscheidung war, dass sich das Büro des Berliner Rechtsanwalts Professor Friedrich-Karl Kaul noch einmal des Falls angenommen hatte. Der renommierte DDR-Anwalt stützte sich darauf, dass an den Füßen Ilona J.s nicht nach möglichen Blutanhaftungen gesucht worden war. Ilona hätte Franks Blut unter den Füßen haben müssen, weil der 20-Jährige vor ihr starb. Kauls Theorie: Die beiden Frauen, Ilona J. und Ingrid R., seien bereits tot gewesen, als Peter A. Frank L. erstach, konnte somit nicht mehr zweifelsfrei widerlegt werden.

Der Magdeburger Rechtsanwalt Werner Goslicki – wie Kaul ein erklärter Gegner der Todesstrafe – besuchte seinen Mandanten 15 Jahre im Brandenburger Gefängnis. A. habe nie eine menschliche Regung gezeigt, sagte der Anwalt später. „Er hat seine Wahnsinnstat bis zuletzt gerechtfertigt. Mir war klar, dass dieser Mann immer gefährlich bleiben würde." Keine Justiz habe das Recht, Menschen zu töten, aber sie habe die Pflicht, Mörder wie Peter A. dauerhaft zu isolieren.

Doch genau das tut die Justiz im Falle des Dreifachmörders nicht. Es ist erneut ein politisches Ereignis, das dem Magdeburger 1991 die Freiheit bringt.

Nach der Wiedervereinigung wurden alle Lebenslänglich-Urteile der DDR überprüft. Bei A. wird festgestellt, dass er zur Tatzeit 20 Jahre alt war. Nach bundesdeutschem Jugendstrafrecht hätte er maximal zu zehn Jahren Haft verurteilt werden können. A. wird entlassen.

Er taucht im Rotlichtmilieu unter, arbeitet unter anderem als Zuhälter von tschechischen Prostituierten und als Autoschieber.

Am 22. März 1995 erschlägt er – nach eigenen Worten stark angetrunken – die Gymnasistin Melanie J. (16) in seiner Brandenburger Wohnung mit einer Schnapsflasche. Sie habe ihn „sexuell animiert und dann verhöhnt", sagt er später vor Gericht.

Opfer Melanie J. (16)

Ein paar Tage lässt er die Tote im Schlafzimmer liegen, dann versteckt er sie auf dem Gelände einer ehemaligen Russenkaserne in Brandenburg-Plau. Am 27. März stellt er sich der Polizei.

Elisabeth S., die Mutter der 22 Jahre zuvor in Magdeburg erstochenen Ingrid R., ist fassungslos, als sie hört, dass Peter A. noch lebt. „Uns hat man damals gesagt, dass er im Gefängnis gestorben ist. Hätte man ihm damals das Handwerk gelegt, wäre es nicht zu der Tat in Brandenburg gekommen."

Am 21. Dezember 1995 wird der Ripper von Magdeburg zu 13 Jahren Haft wegen Totschlags verurteilt. Auch diesmal wird ihm volle Schuldfähigkeit attestiert. An der Höchststrafe für Totschlag – 15 Jahre Haft – kommt er allerdings vorbei. Das Potsdamer Landgericht hält A. zugute, dass er zu DDR-Zeiten bereits „acht Jahre zu lange in Haft" gesessen hat.

Vermisstensache „Ingo R.“

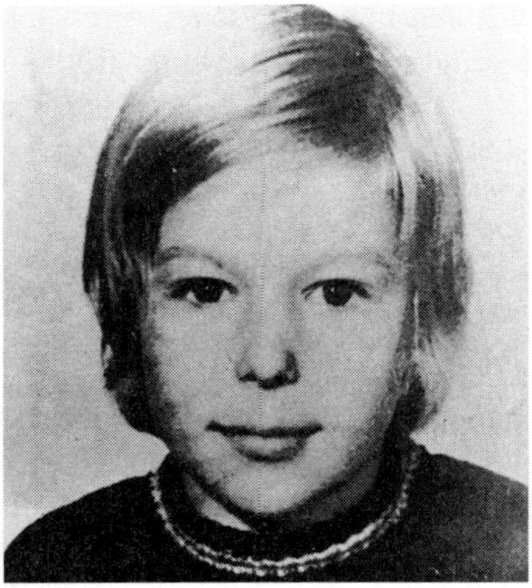
Ingo R.

Als Frau G. am 21. September 1976 gegen 19 Uhr aus dem Fenster ihrer Wohnung in der Magdeburger Dr.-Richard-Sorge-Straße (heute Astonstr.) schaut, sieht sie einen kleinen blonden Jungen. Sie kennt den Zehnjährigen, der zwischen den Müllkübeln hindurch den Hügel Richtung Sporthallenbaustelle hinauf läuft. Es ist der Sohn ihrer Nachbarn – Ingo R.

„Der hat es aber eilig“, denkt Frau G., als Ingo stolpert, sich aber wieder fängt. Wenig später sitzt der Blondschopf auf einem Röhrenstapel, unmittelbar neben der Baugrube. Von dort aus hat er einen guten Blick auf den Hauseingang des Plattenbaus.

Der Junge hat Sorgen. An jenem Dienstag ist alles schief gelaufen. Erst der Tadel, den die Lehrerin ins Hausaufgabenheft geschrieben hat, dann noch die Sache in der Konsum-Kaufhalle.

Hinzu kommt, dass sich Ingo in Magdeburg nicht richtig heimisch fühlt. 1974 war Familie R. vom Harzort Ballenstedt in die Bezirksstadt gezogen. „Magdeburg ist nicht schön“ hat Ingo schon des Öfteren gesagt. Auch, dass er deshalb von zu Hause weglaufen will. Einmal hat er sich auf dem Schulhof versteckt, weil er den Eltern schlechte Noten verschwiegen hatte.

Am 21. September hat Ingo wieder Angst vor Strafe. Von seinem Röhren-Sitz aus guckt er auf den Hauseingang. Er will sehen, ob vielleicht jemand von der Kaufhalle bei seinen Eltern vorbei geht, um sie über den Vorfall in der Verkaufsstelle zu informieren. Der Junge war am späten Nachmittag erwischt worden, als er ohne zu bezahlen eine Tüte Bonbons und einen Eisbecher eingesteckt hatte – Preis 1,65 Mark.

Die Kaufhallen-Leitung setzte ein so genanntes Verfehlungsprotokoll auf. Und dem Jungen wurde damit gedroht, dass Eltern und Schule informiert werden.

Um 18 Uhr ist der verängstigte Junge nach Hause geschlichen. Er hat sich nicht getraut, den Eltern das Geschehen zu beichten, sich eine Weile im Treppenhaus aufgehalten und im Keller versteckt. „Ich habe damals laut geschimpft, weil Ingo nicht nach Hause kommt. Er wollte doch nur ein Schulheft kaufen“, erinnert sich Ingos Mutter. „Vielleicht hat er das draußen vor der Wohnungstür gehört und sich deshalb nicht getraut, hereinzukommen?“

Eine Stunde später wird er dann von der Nachbarin gesehen. Frau G. soll die Letzte sein, die den Schüler der 5. Klasse zweifelsfrei erkannt hat.

Ingos Vater ist an jenem Abend in der Tamara-Bunke-Oberschule bei einer Sitzung der Elternvertretung. Gegen 21 Uhr steht plötzlich seine Frau in der Tür. „Ingo ist noch nicht zu Hause“, sagt sie. „Ich mache mir große Sorgen.“ Mit der Zeit war die Angst der Mutter immer größer geworden. „Ich habe die anderen beiden Kinder ins Bett gebracht und bin dann zu meinem Mann gelaufen“, sagt sie.

Die R.s beginnen, unterstützt von Freunden, das Wohngebiet abzusuchen. Als sie ihren Sohn nach einer Stunde nicht gefunden haben, melden sie ihn beim Magdeburger Volkspolizeikreisamt (VPKA) als vermisst. Es ist 22.30 Uhr.

„Wir hatten den Eindruck, dass man unsere Sorgen dort nicht ernst nimmt“, blickt Ingos Vater zurück. „Ein Polizist hat auf einen Karteikartenkasten gezeigt und gesagt: ‚Machen sie sich keine Sorgen. Das sind alles vermisste Kinder. Die kommen alle wieder.‘ “

Die so genannte diensthabende Kripo-Gruppe des VPKA nimmt die Ermittlungen auf. Gleichzeitig beginnt die Suche nach dem Kind.

Am 22. September übernimmt die Kripo-Einsatz-Gruppe die Vermisstensache, eine Woche später die Morduntersuchungskommission der Bezirkspolizeibehörde (BdVP). „Da erst hatten wir den Eindruck, dass sich etwas tut“, sagt Ingos Vater.

Erster Ansatzpunkt für die Ermittler ist die Aussage der Nachbarin G. Daraus ergibt sich der Verdacht, dass Ingo verunglückt sein könnte.

Im Zusammenhang mit dem Sporthallenbau war in unmittelbarer Nähe der R.-Wohnung Erde planiert worden. Die Polizei vermutet, dass sich der Zehnjährige auf dem Baustellengelände versteckt haben könnte und dabei von den Erdmassen verschüttet wurde. Das Gelände wird metertief umgegraben – von Ingo keine Spur.

Die ehemalige Konsum-Kaufhalle heute.

Bereitschaftspolizei, das halbe VPKA und Bahnpolizisten sind auf der Suche. Der BdVP-Leiter macht den Fall, der sich in Magdeburg schnell herumgesprochen hat, zur Chefsache. Er weist an, alle möglichen „Unterschlupfmöglichkeiten“ zu durchsuchen und zu überwachen.

Handzettel mit dem Foto des Vermissten werden in der Stadt verteilt. Auf ihnen wird die Bevölkerung zur Hilfe aufgefordert.

Eine Spur scheint sich abzuzeichnen. Sechs Zeugen meinen, den Jungen auf dem Fahndungsblatt zu erkennen. Sie sagen unabhängig voneinander aus, Ingo am 23. September zwischen 9 und 12 Uhr im Bereich der Kleingartenanlagen „Erdenglück“, „Iris“ und „Fermersleber Weg“ gesehen zu haben. Der Blonde habe gefragt, ob sie einen Garten haben und ob er für sie arbeiten kann.

Einer der Zeugen erinnert sich daran, dass er Ingo gegen 12 Uhr in Begleitung eines älteren Mannes gesehen hat.

Daraufhin werden 483 Kleingartenpächter von acht Anlagen und 122 Parzellen im Bereich Fermersleber Weg/Brenneckestraße erfasst. Bei einer Großaktion wird den Kleingärtnern ein Fragespiegel vorgelegt, den sie ausfüllen müssen. Diese Papiere führen die Kripo zu weiteren 192 Personen, die ständigen Zugang zu den Parzellen haben. Doch keiner der Befragten hat den Jungen gesehen.

Der Stadtschulrat wird eingeschaltet. Er listet 294 Schüler der entsprechenden Altersgruppe auf, die am 23. September nachweislich die Schule geschwänzt haben. Die sechs Zeugen müssen die Jungen identifizieren. Derjenige, der sie angesprochen hat, ist nicht dabei.

„Von diesen Aktivitäten haben wir nie etwas erfahren“, sagt Ingos Mutter. „Wir wurden kaum informiert. Deshalb hat sich bei mir der Eindruck festgesetzt, dass viel zu wenig getan wurde.“

Am 5. Oktober hat die Ermittlungsgruppe eine weitere Spur. Die Kriminalisten nehmen einen Mann näher unter die Lupe, der für die Kläranlage der Medizinischen Akademie zuständig ist. Sie befindet sich unmittelbar im Bereich, in dem Ingo von den Zeugen gesehen wurde. Johannes W. ist polizeibekannt, weil er sich an Kindern vergangen hat.

Die Feuerwehr pumpt alle Klärbecken ab, findet jedoch nichts. Mehrfach wird der Vorbestrafte vernommen. Der dringende Tatverdacht erhärtet sich nicht.

Am 9. Dezember 1976 schreibt Hauptmann Ernst Schmidt, Chef der Morduntersuchungskommission der BdVP Magdeburg, in seinem Bericht: „Es ist davon auszugehen, dass Ingo R. einem Verbrechen zum Opfer gefallen ist.“ Aus der Vermisstensache wir ein Ermittlungsverfahren wegen Mordes gegen unbekannt.

97 Personen aus Magdeburg und den angrenzenden Kreisen, die in der Vergangenheit Kinder sexuell missbraucht haben, werden überprüft. Negativ.

Anfang 1977 versucht die Kripo, durch ein psychiatrisch-psychologisches Gutachten des Jungen mehr Licht in den Fall zu bekommen. Die psychiatrische Klinik der Medizinischen Akademie (heute Uni-Klinik) legt am 7. Februar eine mehrseitige Charakteristik vor.

Das Klauen der Süßigkeiten kurz vor dem Verschwinden des Jungen wertete das Gutachten als „Entlastungstat“, um den Druck zu kompensieren, der durch den Tadel auf ihm lastete. Doch das habe nur kurze Zeit funktioniert. Dadurch, dass er ertappt wurde, sei es zu einer „komprimierten Belastungs-Druck-Situation“ gekommen. In diesem Moment habe sich Ingo an ein Verhaltensmuster (verstecken auf dem Schulhof) erinnert und sei weggelaufen, um die Strafe hinauszuzögern.

Er habe geglaubt, dass die Strafe geringer ausfällt, wenn ihn die Eltern nur lange genug suchen und sich danach freuen, ihn wiedergefunden zu haben.

Die Gutachter empfehlen, Baugelände, die „Höhle“, die sich der Zehnjährige gebaut hatte, und Gartenlauben zu untersuchen. Die Möglichkeit, dass der Blondschopf in seine alte Heimat – Ballenstedt – zurück wollte, wird ebenfalls in Erwägung gezogen.

Ausgeschlossen wird ein Selbstmord. Er sei in diesem Alter sehr selten und von Ingos Persönlichkeitsentwicklung her nicht zu erwarten. „Ingo war ein fröhlicher Junge“, sagt seine Mutter. Sie hat den Verlust ihres Kindes bis heute nicht verwunden und war lange Zeit krank. „Ich denke immer wieder daran, wie lieb Ingo mir zugewunken hat, als er damals in die Kaufhalle ging. Ich hab' am Fenster gestanden, zurückgewunken und nicht gewusst, dass es das letzte Mal ist, dass ich ihn sehe.“

Obwohl 136 Spuren verfolgt werden, teilweise in sehr aufwendiger Kleinarbeit, muss MUK-Chef Schmidt am 29. November in seinem Bericht schreiben, dass „die Möglichkeiten zur Aufklärung zum gegenwärtigen Zeitpunkt erschöpft“ sind.

Zum selben Ergebnis kommt eine Arbeitsgruppe, bestehend aus zwei Kripo-Offizieren und einem Stasi-Offizier, die Ende 1977 noch einmal das gesamte Ermittlungs-Material sichtet, um neue Ansatzpunkte zu finden. Die Offiziere hatten zuvor nichts mit dem Fall zu tun und sollen somit völlig unbelastet die Unterlagen durchforsten. Aber auch sie müssen passen.

Im selben Jahr kümmert sich die Staatssicherheit noch in anderer Beziehung um den Fall. Das Ministerium tritt an den Vater des Vermissten heran und teilt ihm mit, dass eine „Sekte“ in Magdeburg tätig ist, die sich an Familien in Not wendet, um Trost zu spenden. Drei MfS-Leute quartieren sich für acht Wochen in der Wohnung der R.s ein. Sie beobachten und hören ab. Die Ehefrau glaubt, dass es Studienkollegen ihres Mannes sind. „Ich weiß nicht, ob das mit der Sekte der wirkliche Grund dafür war, dass die Stasi-Mitarbeiter bei uns einzogen.“, sagt heute Ingos Vater.

Die letzte Eintragung in der Akte „Ingo R.“ stammt vom 28. Juni 1993 und lautet: „Einstellung des Verfahrens, da es keine Ansatzpunkte mehr für Ermittlungen gibt und der Nachweis einer Straftat nicht führbar ist.“

Kapitel 2

Ungeklärte Kriminalfälle

Der Geigenkasten-Mord von Halle

Jörg H. (20) und seine Freundin Antje (17) treffen sich am 1. Mai 1994 im Café „Nöö". Die Szenekneipe in Halles Innenstadt ist besonders bei Studenten sehr beliebt. Als die beiden gegen 23.30 Uhr das „Nöö" verlassen, verabreden sie, sich vor der Wohnung Jörgs wiederzutreffen, um noch einige Stunden zusammen zu verbringen.

Jörg, der mit dem Fahrrad da ist, bringt Antje bis zur Straßenbahnhaltestelle am Markt. Als die 17-Jährige wenige Minuten später in die Linie 95 einsteigt, winkt er ihr noch kurz zu und schwingt sich dann in den Sattel – Richtung Emil-Fischer-Straße.

Was sich zur selben Zeit in der Straßenbahn abspielt, kann die Kripo nur vermuten. Wahrscheinlich beobachtet ein männlicher Fahrgast das junge Mädchen bereits eine ganze Weile. Als Antje in der Merseburger Straße aussteigt, folgt er ihr. Die Gymnasiastin geht bis zum Hauseingang 2 e. Dort will sie auf ihren Freund warten, der jeden Augenblick kommen muß.

Plötzlich fühlt Antje Hände, die sich um ihren Hals krallen. Sie hört schweres Atmen und die gezischten Worte „Sei ruhig!" Im selben Augenblick biegt Jörg H. mit dem Fahrrad in die Straße ein. Er erkennt sofort den Ernst der Lage und schreit den Mann schon von weitem an. Der läßt von dem Mädchen ab und rennt Richtung Merseburger Straße.

Der Musikstudent ruft im Vorbeifahren seiner Freundin zu: „Ruf die Polizei an!" und verfolgt den Flüchtenden. Als Jörg H. sieht, dass der Täter auf die Straßenbahngleise zuläuft, steigt er vom Rad und verfolgt ihn zu Fuß.

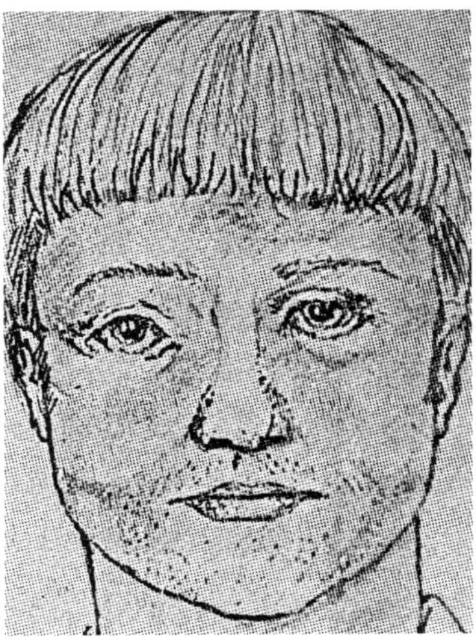

Phantombild des Mörders.

Zur selben Zeit klingelt die 17-Jährige bei Nachbarn. Doch die haben kein Telefon. Sie läuft zur Telefonzelle am Ende der Emil-Fischer-Straße.

In diesem Moment hat der Musikstudent den Fliehenden fast erreicht. Noch ein, zwei Schritte, dann kann er ihn greifen. Die beiden Männer befinden sich im Gleisbett, als sich der Täter plötzlich umdreht. Er hat eine Pistole in der Hand. Der Schuss trifft den Musikstudenten aus nächster Nähe in die Brust. Das Projektil durchschlägt seinen Körper und bleibt im Geigenkasten stecken, den Jörg H. in einem grünen Jägerrucksack auf dem Rücken trägt.

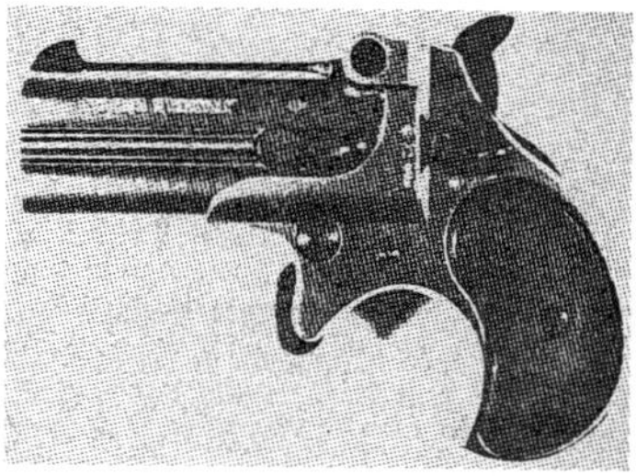

Mögliche Tatwaffe – ein Derringer, Kaliber 38.

Mögliche Tatwaffe – ein Revolver, Kaliber 38.

Antje hört den Knall des Schusses in der Telefonzelle und sieht ihren Freund zwischen den Schienen zusammenbrechen. Sie ruft die Polizei an. Kurz darauf ist ein Streifenwagen zur Stelle. Die Beamten waren ganz in der Nähe mit einer Verkehrskontrolle beschäftigt. Sie finden die 17-Jährige vor ihrem Freund kniend. Der Student lebt noch, ist jedoch nicht ansprechbar.

Im Krankenwagen stirbt der 20-Jährige. Die Obduktion im Rechtsmedizinischen Institut der Uni Halle ergibt Herztamponage. Das Blut der Wunde hatte im Brustkorb des Opfers so aufs Herz gedrückt, dass es nicht mehr schlagen konnte.

„Die einzige Zeugin, die wir haben, ist die Freundin des Opfers", sagt Hendrik Weber vom Tötungsdezernat der Staatsanwaltschaft Halle. Doch zum Täter kann auch die 17-Jährige nicht viel sagen. Er habe akzentfreies Hochdeutsch gesprochen, sei etwa 1,85 Meter groß gewesen, von kräftiger, breiter Gestalt, hatte kurze, dunkelblonde, glatte Haare und keinen Bart. Bekleidet gewesen sei der Mörder mit einem grünen Polohemd und einer dunklen Hose.

Spurenakte 52 des ungeklärten Falles gibt Auskunft über polizeilich registrierte Sexualtäter, die als mögliche Täter in Frage kommen. Die Ermittler sortieren die Männer nach Alter und Vorgehensweise aus. Zwei bleiben übrig. Auf sie passen beide Kriterien. „Doch der eine hatte ein Alibi, der andere zur Tatzeit einen Bart", sagt Staatsanwalt Weber.

Nun werden auch Personen unter die Lupe genommen, die wegen anderer Delikte – zum Beispiel Körperverletzung – vorbestraft sind und in der Nähe des Tatorts wohnen. Erfolglos. Auch das Abchecken der Untersuchungshäftlinge, die zur Tatzeit noch auf freiem Fuß waren, bringt die Ermittler keinen Schritt weiter.

„Unsere letzte Hoffnung waren die registrierten Besitzer von Waffen", sagt Weber. „Doch auch unter ihnen fanden wir den Täter nicht."

Die Untersuchung des Projektils ergibt, dass die Waffe das Kaliber 38 hat – wahrscheinlich ein Derringer oder ein Revolver.

Das Projektil durchschlug die Brust des Musikstudenten und blieb im Geigenkasten stecken.

Die bereits am 11. Mai 1994 gebildete Mordkommission trägt insgesamt 93 Spurenakten zusammen, doch der Täter bleibt weiterhin unbekannt. „Wir haben gegenwärtig keine Ermittlungsansätze mehr", gibt der Staatsanwalt zu. „Wir haben wahrscheinlich nur noch zwei Minimalchancen: Entweder taucht die Mordwaffe bei irgendeiner anderen Straftat wieder auf oder Kommissar Zufall hilft uns."

Die Hinrichtung im Park

Nach Mitternacht in Reichardts Garten in Halle. Marco Schwärtzke wird geschlagen. Ins Gesicht, an den Hals, auf die Brust. Dann drückt ihn einer der Männer unterhalb der so genannten Hexentreppe mit dem Rücken gegen einen Baum. Er zieht eine 9-Millimeter-Luger, und setzt sie dem 22-Jährigen auf die Stirn. Dann drückt er ab.

Als Schwärtzke langsam am Stamm der Kastanie herabrutscht, ist er schon tot. Zwei Meter neben einer Parkbank bleibt er mit halbaufgerichtetem Oberkörper liegen.

Am nächsten Morgen, dem 7. August 1995, kommen einige Kinder auf ihrem Schulweg durch Reichardts Garten. Direkt am Parkweg hinter dem Hotel „Jägerhof" machen sie einen grausigen Fund. Sie fanden den toten, blutüberströmten Marco Schwärtzke. Eine Lehrerin alarmiert die Polizei. Wenige Minuten später ist der Park abgesperrt und die Kripo beginnt mit ihren Ermittlungen.

Hendrik Weber, zuständiger Staatsanwalt des Tötungsdezernats, zur Person des Ermordeten: „Der junge Mann war ein Kleinkrimineller, der seine Hände in einer Anzahl unsauberer Geschäfte hatte. Wegen Autodiebstahls und Körperverletzung war er vorbestraft."

Für Staatsanwaltschaft und Kriminalpolizei ist schnell klar: Der Mord an Marco Schwärtzke war eine regelrechte Hinrichtung. Dazu passt auch die Aussage von Schwärtzkes Mutter, Marco habe sich schon seit längerer Zeit bedroht gefühlt.

Deshalb sind die Antworten auf zwei Fragen wichtig: Wem hat der 22-Jährige im Milieu eventuell auf die Füße getreten? Wer greift in der Szene gleich zu einem Brachialmittel wie Mord?

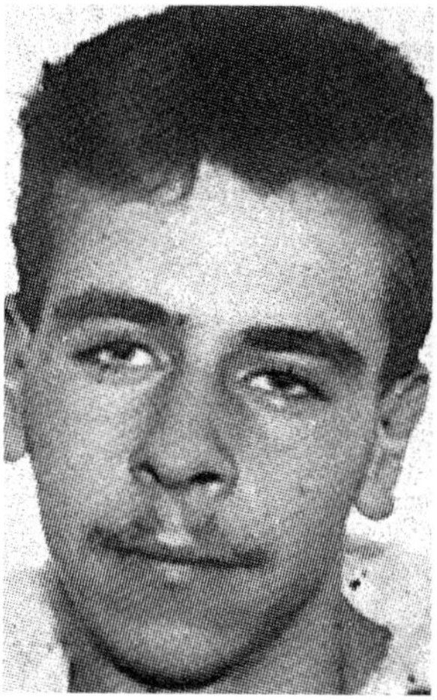

Mordopfer Marco Schwärtzke.

Im Zuge der Ermittlungen stößt die Kripo auf eine überraschende Spur. Schwärtzke war zwar nur ein kleines Licht, aber möglicherweise gab es zwischen ihm und einigen Hallenser Größen der organisierten Kriminalität Kontakte. Der Name des so genannten Paten von Halle taucht auf.

Tippgeber aus der Szene wollen wissen, dass der Hingerichtete im Auftrag des Paten Autos geklaut hat. Andere wiederum meinen, dass der junge Mann mit der Freundin des Paten angebändelt habe.

„Sicher ist, dass Schwärtzke Feinde im Milieu hatte", sagt Staatsanwalt Weber. „Es ist nicht auszuschließen, dass ihn Leute erschossen haben, mit denen er sich angelegt oder gemeinsam Straftaten begangen hat."

In Verdacht gerät ein Bekannter des Erschossenen – ebenfalls kein Unbekannter für die Polizei. Ihm hatte Schwärtzke den BMW kaputt gefahren. Danach hatte der Autobesitzer gedroht: „Den mache ich platt." Doch eine Freundin gibt ihm ein Alibi. Sie seien zusammen am Hufeisensee gewesen. Danach beschreibt sie Details einer Liebesnacht mit dem Verdächtigen auf grüner Wiese, die ihre Aussage plastisch belegen sollen. Obwohl die Ermittler nicht sicher sind, dass die Frau ihnen die Wahrheit sagt, müssen sie den Verdächtigen laufen lassen.

„Wir haben gehofft", so Staatsanwalt Weber, „dass uns das Projektil weiter hilft. Es steckte im Nacken des Toten." Über das Bundeskriminalamt wurde ein Waffengutachten angefordert. Die Expertise ergab, dass die Luger vor dem Mord im Park bereits bei zwei anderen Taten benutzt wurde.

Der Tatort in Reichardts Garten am Morgen des 7. August 1995.

Am 23. Februar 1994 schoss ein Täter in Halle unweit von Reichardts Garten beim Überfall auf die Kneipe „Moosmännl" damit. Das Projektil war in der Wandverkleidung sichergestellt worden.

Dieselbe Waffe wurde am 19. Mai 1994 in einem Neubaublock nahe dem Stadtzentrum erneut benutzt. Ein Unbekannter hatte durch die Wohnungstür nach draußen geschossen.

„Wir konnten dem mehrfach vorbestraften Wohnungsinhaber nicht nachweisen, dass er zur fraglichen Zeit zu Hause war – was er bestritt“, sagt Hendrik Weber. „Fest steht, dass in der Wohnung ein reger Verkehr herrschte und sich dort immer wieder fremde Personen aus der Szene aufgehalten haben.“

Die Polizei versucht, den Tagesablauf Schwärtzkes zu rekonstruieren. Zuerst war der 22-jährige Arbeitslose im Freibad gewesen. Dann in der Diskothek „Schorre“. Um 21.30 Uhr wurde er zusammen mit vier anderen jungen Leuten am Röderberg gesehen – etwa 500 Meter vom späteren Tatort entfernt. Dort soll es eine Auseinandersetzung gegeben haben. Schwärtzkes Trabant 601 mit dem Kennzeichen SK-AX 19 wurde am nächsten Tag am Röderberg gefunden.

Vom Abstellort des Trabant gingen Täter und Opfer über die Wittekind- und Friedensstraße zu Reichardts Garten. Unterblutungen am Körper des Toten weisen darauf hin, dass Schwärtzke massiv geschlagen wurde, ehe man ihn erschoss.

Im Dezember 1995 wird der Fall vorläufig abgeschlossen, die Akten werden zur Seite gelegt. Zwar gibt es immer wieder Hinweise aus der Szene, aber die führen zumeist ins Leere. Auch der Brief mit der Selbstbezichtigung Mario Schwärtzkes, er habe seinen Bruder Marco umgebracht, erweist sich als unwahr.

Im Oktober 2001 verhaftet die Mordkommission Halle den mutmaßlichen Täter im Mordfall Schwärtzke. Es ist Frank W. aus Dieskau im Saalkreis. Der Verdacht habe sich aufgrund von Zeugenaussagen und kriminaltechnischer Untersuchungen verdichtet, so die Staatsanwaltschaft.

Bereits bei den Anfangsermittlungen war der Kripo Frank W., der damals noch in Halle wohnte, aufgefallen. Allerdings hatte ihm seine Freundin damals mehr als einmal ein Alibi gegeben. Für die Ermittler stand jedoch fest, dass das Alibi auf wackligen Füßen steht.

Einen wichtigen Hinweis erwarteten Staatsanwaltschaft und Kripo von der Untersuchung des Projektils, das die Rechtsmediziner der Uni Halle aus dem Nackenbereich des Opfers entfernt hatten.

Inzwischen sind sich Polizei und Staatsanwaltschaft sicher, dass sie mit dem Tatverdächtigen gleichzeitig den Täter des bewaffneten Raubüberfalls im „Moosmännl“ überführt haben.

Dieser beutelose Raubüberfall soll zudem das Tatmotiv für den Mord an der so genannten Hexentreppe im Park geliefert haben. Das spätere Mordopfer Schwärtzke hatte damals Frank W. bei der Polizei verpfiffen. Daraufhin wurde W. von der Kripo verhört.

Durch den Mord wollte sich der Tatverdächtige an Schwärtzke rächen und gleichzeitig einen Zeugen für den Raubüberfall ausschalten, so die Staatsanwaltschaft.

Haftbefehl gegen zwei „Tote“

Als der Pilzsammler im Hagen 3139 zwischen Bone und Bornum (Anhalt-Zerbst) am 20. Oktober 1996 die Decke in der kleinen Erdmulde zur Seite schlägt, prallt er entsetzt zurück. Was er sieht, ist eine fast skelettierte Leiche. Es ist genau 10.30 Uhr.

Wenige Minuten später ist die Polizei am Fundort. Die Beamten beginnen mit der unmittelbaren Tatortarbeit. Siebeneinhalb Stunden später gestikuliert ein aufgeregter Mann vor dem rot-weißen Absperrband der Polizei und erklärt aufgeregt, dass knapp 200 Meter von der Nadelwaldschonung ein zweiter Toter liegt. Auch diese Leiche, die nur leicht mit Tannennadeln bedeckt ist, muss schon eine lange Zeit zwischen den Bäumen gelegen haben, stellen die Ermittler auf den ersten Blick fest.

Obwohl die Toten keine Gesichter mehr haben, scheint es nur eine Routinesache zu sein, ihre Identität festzustellen. An beiden Fundorten werden eindeutige Hinweise gefunden, die nicht zu übersehen sind: ein auffälliger Ring, ein noch gut erhaltenes Gruppenfoto und sogar Ausweispapiere eines Vietnamesen, die auf den Namen Nguyen Ba Cuong ausgestellt sind. Da in der Schonung zudem Reste von Kartons und anderes Zigaretten-Verpackungsmaterial liegen, deutet alles darauf hin, dass sich dort ein Zwischenlager vietnamesischer Zigarettenhändler befunden hat.

Die Untersuchung der Leichen ergibt, dass der eine Tote in der Decke erschossen, der zweite im Plastiksack, zugeschnürt mit einem Stromkabel, erschlagen wurde.

Zu Beginn ermittelt die Mordkommission der Dessauer Polizeidirektion gemeinsam mit dem zuständigen Kommissariat für Organisierte Kriminalität (OK). Ab Januar 1997 macht die OK allein weiter. Denn zu diesem Zeitpunkt steht eindeutig fest, dass der Doppelmord eine Tat im vietnamesischen Bandenmilieu ist.

Nguyen Ba Cuong (3. v. r.) und Nguyen Hai Binh (4. v. r.) bei einer Feier in Wolfen.

Frank Klemm, der Asien-Experte des 6. Fachkommissariats, bekommt den Fall auf den Schreibtisch. „Unsere Ermittlungen haben sich natürlich auf das vietnamesische Umfeld konzentriert“, erzählt der Kriminalhauptkommissar. „Und auf Grund der Fundstücke vom Tatort kriegten wir den Hinweis, dass es sich bei dem zweiten Toten um Nguyen Hai Binh handelt.“

Beide Vietnamesen sind der Polizei bekannt. Hai Binh, der „Kassierer“, der in der Schutzgeldszene mitmischte, wurde bereits mehrere Male festgenommen. „1995 hatte ich von ihm eine Speichelprobe nehmen lassen“, sagt Klemm. „Und das sollte sich im Falle des Doppelmordes als Glücksgriff herausstellen.“

Die Obduktion im Rechtsmedizinischen Institut der Magdeburger Uniklinik belegt, dass die Mordwaffen ein stumpfes Schlagwerkzeug beziehungsweise eine 9-Millimeter-Pistole sind. Die Kriminaltechnik präzisiert: 9-Millimeter-Makarow.

„Für uns gab es kaum mehr Zweifel, dass die Toten Hai Binh und Ba Cuong sind“, erinnert sich der Kriminalist an den damaligen Ermittlungsstand. „Informanten aus der Szene bestätigten, dass beide in Dessau-Nord in einer Wohnung gewohnt haben. Hai Binh wurde seit April 1996 vermisst. Die Anzeige hatte ein Verwandter aus Zeitz gemacht.“

Ein vietnamesisches Paar wird gefunden, das aussagt, Hai Binh am 3. März 1996 nach einer Feier in Wolfen/Bitterfeld im Auto mit nach Dessau genommen zu haben. Das letzte Lebenszeichen von Hai Binh. Auch der Ring, der auf dem Fahndungsplakat abgebildet ist, und die Bekleidung habe dem Vermissten gehört, sind sich andere Zeugen einig. Das Foto, das bei den Leichen gefunden wurde, zeigt Hai Binh und Ba Cuong bei einer Familienfeier in der Gaststätte „Kanton“ in Wolfen-Nord. Eine weitere Person auf dem Bild wird als Vietnamese identifiziert, der im Mai 1996 in Spergau (Merseburg-Querfurt) erschossen wurde.

Doch dann kommt das Ergebnis der rechtsmedizinischen DNA-Analyse. Und die Kriminalisten glauben erst, ihren Augen nicht zu trauen, als sie lesen, dass die genetischen Fingerabdrücke des Toten zweifelsfrei nicht mit der DNA der Speichelprobe von Hai Binh übereinsstimmten. „Jemand hatte sich also ganz große Mühe gegeben, uns auf eine falsche Spur zu locken“, sagt Klemm. „Ausweis, Ring, Kleidung – alles diente nur dem Zweck, uns weiszumachen, dass die Toten Hai Binh und Ba Cuong sind. Klar wurde, dass die beiden irgend etwas mit der Tat zu tun haben müssen. Deshalb werden sie seitdem per internationalem Haftbefehl gesucht.“

Die Ermittler versuchen nun verstärkt, über die bekannte Vietnamesen-Wohnung in Dessau-Nord weiter zu kommen. Es wird ein Vietnamese ausfindig gemacht, der die Räume im Auftrag seiner Landsleute angemietet hat. Fünf, sechs Personen hätten dort gewohnt. Im April 1996 habe er die Wohnung jedoch ganz plötzlich kündigen müssen. Ein Hinweis lässt die Kripo aufhorchen: Ein großes Stück Fußbodenbelag sei vor der Wohnungstür herausgetrennt worden. Ein Hinweis darauf, dass dort ein blutender Körper gelegen hat?

Über Interpol Hanoi fragen die Dessauer Beamten das Aussehen der Gebisse von Hai Binh und Ba Cuong ab. Doch das Ergebnis ist schon nicht mehr überraschend: Keine Übereinstimmung mit den Gebissen der Toten.

Viele Hinweise gehen ein, eine große Zahl anonym über eine speziell eingerichtete Hotline. Doch die meisten Tipps verlaufen im Sande.

Der Rechtsattaché der vietnamesischen Botschaft in Berlin bietet seine Hilfe an. Über diesen kleinen Dienstweg wird es möglich, dass Hai Binhs Ehefrau in Vietnam verhört wird. Auch der Zeitzer Verwandte, der die Vermisstenanzeige aufgab, wird noch einmal gehört.

Einer der toten Vietnamesen im Wald.

Die Spur weist auf einen Vietnamesen hin, der in Deutschland in Haft sitzt und mit in der Dessauer Wohnung gewohnt haben soll. „Eine Grundrissskizze, die er uns aufmalte, überzeugte uns davon. Allerdings beteuerte er immer wieder, nur hin und wieder zum Kartenspielen dort gewesen zu sein“, so Kriminalhauptkommissar Klemm.

Von dem „Kartenspieler“ erfahren die Ermittler, dass „im Sessel neben der Wohnungstür ein Vietnamese erschlagen“ worden sein soll. Mit der stumpfen Seite eines Campingbeils – was mit der Form des Schädeleinbruchs übereinstimmt. Allerdings habe der Vietnamese nur durch Dritte von der Tat gehört. Auch, dass die Leiche in Wolldecken eingewickelt wurde.

Eineinhalb Jahre nach dem Mord stellt die Tatortgruppe der Kripo Zentimeter für Zentimeter der Wohnung auf den Kopf. Selbst der Teppichboden wird herausgerissen, um die darunter liegenden Spanplatten nach Blutspuren zu untersuchen – ebenso die Türleisten.

1998 liegt die Gesichtsrekonstruktion vor. Anhand der Schädel und von über 100 Fotos von Vietnamesen hat die Magdeburger Rechtsmedizin in einem computergestützten, dreidimensionalen Verfahren das Aussehen der Opfer sichtbar gemacht. Wieder geht die Kripo an die Öffentlichkeit. Wieder gibt es acht Hinweise. Wieder bringen sie nichts.

Im Juni 1998 wird bei Aachen ein Bordellbesitzer von einem Unbekannten erschossen. In seinem Haus verkehrten hauptsächlich Asiaten. Die Überprüfung des Projektils ergibt: Es wurde aus derselben Makarow abgefeuert wie beim Vietnamesen-Mord. Außerdem tauchte die Pistole bereits 1995 im Zusammenhang mit einer Schießerei im Vietnamesen-Milieu von Glauchau (Sachsen) auf.

Im Herbst 1999 stellt die Dessauer Kripo die Ermittlungen vorläufig ein. Klemm: „Alles, was wir in Deutschland machen konnten, haben wir getan."

Doch seit dem März dieses Jahres ist wieder Bewegung in den Fall gekommen. Es beginnt mit einer Information der polnischen Polizei, die einen Vietnamesen festgenommen hat, der an der Entführung von Landsleuten beteiligt gewesen sein soll. Außerdem habe er mit in der Dessauer Wohnung gewohnt, heißt es. „Wir warten auf Antwort aus Polen", sagt Klemm.

Wenig später meldet sich die Prager Polizei in Dessau und teilt mit, dass ein Vietnamese verhaftet wurde, der Auftraggeber für den Mord an zwei Landsleuten in Zerbst gewesen und selbst bei der Tat dabei gewesen sein soll. Über die Staatsanwaltschaft Stendal wird die Auslieferung des Betreffenden beantragt.

„Meine Theorie ist, dass das erste Opfer bei einem internen Streit zwischen Vietnamesen in der Dessauer Wohnung erschlagen, in Decken eingewickelt und in die Schonung gebracht wurde", vermutet der Kriminalist. „Dort wurde dann auch der zweite – warum auch immer unbequeme – Landsmann hingerichtet."

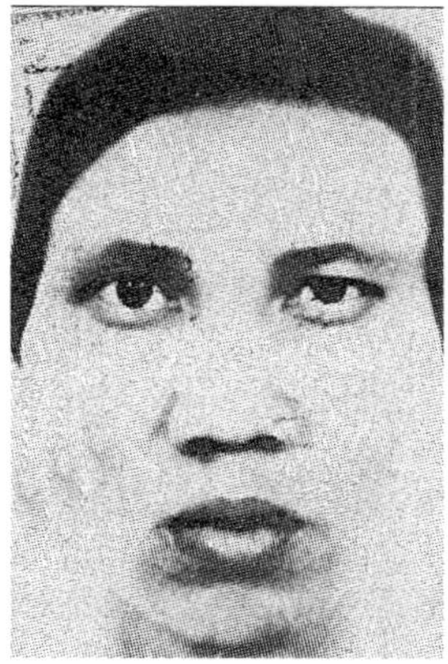

Das computer-rekonstruierte Gesicht des Vietnamesen, der erschlagen wurde.

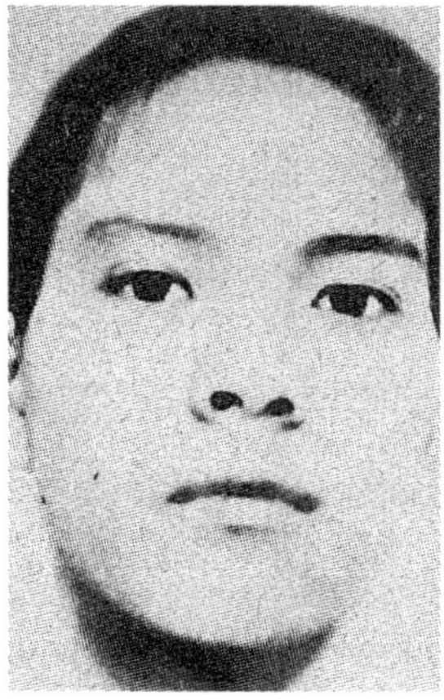

Das computer-rekonstruierte Gesicht des Vietnamesen, der erschossen wurde.

Die fehlenden 80 Minuten

Am 6. März transportiert Berufskraftfahrer Peter Mertz (Name geändert) mit seinem 20-Tonner altes Brot. Seit Stunden regnet es und es wird bereits dunkel. Der junge Mann will zur Lagerhalle auf dem Gelände des ehemaligen VEB Entstaubungstechnik an der Magdeburger Steinkopfinsel.

Kurz nach 18 Uhr. Der Lastkraftwagen passiert das kaputte Tor. Im gleichen Augenblick streichen die Kegel der Lkw-Scheinwerfer über einen Menschen, der wenige Meter neben der Halle liegt.

Peter Mertz springt aus seiner Fahrerkabine. „Neben dem Kopf des Mannes lag eine Brille. Alles war voller Blut. Ein Betrunkener, dachte ich, der sich beim Fallen schwer am Kopf verletzt hat", gibt er später zu Protokoll.

Über Handy ruft der Kraftfahrer die 110. Dann fährt er seinen Brottransporter um die Ecke zum Eingang der Lagerhalle. „Als ich zurückkam, versuchte ich den Mann anzusprechen. Er hatte die Augen offen, aber er reagierte nicht. Nur ab und zu zuckten seine Arme nach oben", so seine Aussage.

Um den Verletzten vor dem Regen zu schützen, holt Mertz eine Plane und legte sie über den Körper des Liegenden.

Punkt 18.53 Uhr trifft der Rettungsarzt aus dem Walter-Friedrich-Krankenhaus ein. Nach der Notversorgung wird der Mann, der mit dem Tode ringt, in die Magdeburger Uniklinik gebracht. Dort werden schwere innere und Kopfverletzungen festgestellt, dazu ein Schlüsselbeinbruch und Handverletzungen.

Trotz einer Notoperation stirbt der 39-jährige Patient um 22.15 Uhr.

Der Fall ist brisant. Denn bei dem Opfer handelt es sich um einen Ausländer und dazu noch um einen prominenten. Karl Heinrich Gross war Manager der Südtiroler Volksmusikgruppe „Kastelruther Spatzen". Am Abend zuvor waren die Italiener bei einem Konzert in Magdeburg aufgetreten.

Danach war die Gruppe zum nächsten Tourneeort nach Essen weitergereist. Allein der Manager musste an der Elbe bleiben, weil der Kleinbus der Musiker seinen Geist aufgegeben hatte.

„Wir haben den Tagesablauf von Karl Heinrich Gross minutiös abgecheckt", erklärt Kriminalhauptmeister Maik Reichelt von der Magdeburger Mordkommission. Dabei wird eine Lkw-Werkstatt, die etwa zwei Kilometer vom Fundort des Verletzten entfernt liegt, zu einem wichtigen Mosaiksteinchen.

„Freitag Mittag sollte der Schaden am ‚Iveco'-Transporter behoben sein", sagt Reichelt. „Aber als der Manager das Fahrzeug abholen wollte, war es noch nicht fertig."

Danach führt die Spur des 39-Jährigen zum nahe gelegenen „McDonald's". Aussagen von Mitarbeitern bestätigen, dass er dort etwas gegessen hat.

Zurück in der Werkstatt gibt es Ärger. Gross will schnell nach Essen. Denn er hat den Kleinbus voller Fanartikel, die beim abendlichen Konzert verkauft werden sollen. Doch die Reparaturfirma hat gepfuscht. Die Kardanwelle ist zwar ausgewechselt, es stellt sich jedoch heraus, dass die Schadensursache ein Radlager war.

„Für 16.40 Uhr gibt es eine gesicherte Aussage, dass Gross in der Werkstatt war“, so der Ermittler. „Die 80 Minuten, bis Karl Heinrich Gross am Abend gefunden wurde, liegen auch jetzt noch im Dunkeln.“

Die unmittelbar nach der Tat gebildete Sonderkommission „Spatzen“ leitet Harald Meier, Chef der Magdeburger Mordkommission. Doch trotz des erfahrenen Kriminalisten an der Spitze gibt es bis heute mehr Fragezeichen als Antworten.

Neben den fehlenden 80 Minuten ist da zum Beispiel die mysteriöse Sache mit dem Telefonanruf. Denn um 17.08 Uhr wurde vom Handy des Managers die Telefonnummer seiner Wohnung in Südtirol angewählt. Nach vier Sekunden wurde die Verbindung jedoch unterbrochen. War es der Versuch eines Hilferufs?

Ungeklärt ist nach wie vor die Frage des Tatorts. Oder gab es beim „Tötungsdelikt zum Nachteil des Managers“ zwei?

Das Altbrotlager auf der Steinkopfinsel in Magdeburg. Der Kreis kennzeichnet den Fundort des Schwerverletzten.

In der Soko sind auch die Auffassungen über den möglichen Tathergang geteilt: Wurde das Opfer nach einem Unfall zum späteren Fundort geschafft, um die Spur zu verwischen? Oder wurden dem Manager erst nach einem Unfall die Kopfwunden zugefügt? Die Verletzungen der Brust und des Schädels können auf beides hinweisen. Oder hat es eine Auseinandersetzung gegeben, bei der Gross schwer verletzt wurde?

Genauso undurchsichtig ist das Tatmotiv. Raubmord scheidet aus. Der Schwerverletzte hatte rund 7.000 Mark bei sich, als er gefunden wurde.

Ortskenntnis des Täters scheint gegeben. Doch die Frage, warum Gross gerade an das recht abgelegene Brotlager gebracht wurde, ist nicht klar. „Der Täter könnte gewusst haben, dass tonnenschwere Lkw hin und wieder zur Lagerhalle fahren", bemerkt Kriminalhauptmeister Reichelt. „Wäre der Liegende von solch einem Lieferfahrzeug überrollt worden, wären die Untersuchungen noch schwieriger geworden."

600 Personen werden befragt. Zwei Mitarbeiter der Werkstatt geraten dabei in Verdacht, etwas mit dem Tod des Managers zu tun zu haben. Doch immer, wenn die Kripo glaubt, den mutmaßlichen Täter auf dem Vernehmungsstuhl zu haben, muss sie ihn auf Grund fehlender Beweise wieder laufen lassen.

Albin Gross, der Bruder des Toten, macht Druck, als die Ermittler nach Monaten noch immer auf der Stelle treten. Und sogar im italienischen Parlament wird der Fall „Gross" zum Thema. Ende März 1998 stellt der Abgeordnete Luigi Olivieri aus Trient vom Mitte-Links-Bündnis „Ulivo" eine Anfrage an das italienische Innen- und Außenministerium. Nach Meinung des Parlamentariers arbeiten Magdeburger Polizei und Staatsanwaltschaft „nur langsam". Olivieri fragt, ob Italien alles getan habe, „um der deutschen Ermittlungsarbeit einen Ruck zu geben".

Über 20 Kriminalisten arbeiten zeitweise in der Soko „Spatzen". Doch weder dieser Umstand noch die Tatsache, dass von den „Kastelruther Spatzen" eine Belohnung von inzwischen 100.000 Mark für Hinweise auf den Täter ausgesetzt sind, bringen die Ermittler weiter.

Erd-Anhaftungen an der Bekleidung des Südtirolers und ein Haar, die im Landeskriminalamt untersucht werden, bringen nichts. Auch die Kontrolle des Werkstatt-Geländes mit Leichenspürhunden bringt kein Ergebnis. Zwar schlagen die Hunde an einigen Stellen an, doch kann nicht festgestellt werden, ob dort tatsächlich Blutpartikel vorhanden sind.

„Es gibt jedoch nach wie vor einen Kreis von Verdächtigen", sagt Maik Reichelt. Dazu gehören Personen aus der Lkw-Werkstatt ebenso wie aus der „Kastelruther"-Fangemeinde und aus dem Kreis der Spediteure.

Das tote Baby im Mittellandkanal

Der 22. Juni 1998 ist ein Montag. Am Morgen haben Reinhard K. und sein Kollege nach einem verdienten Wochenende wieder ihre Arbeit auf dem Schubboot „Seewolf" aufgenommen. Die beiden Männer gehören zum Trupp, der seit dem 3. Juni den Mittellandkanal am Kilometer 319 ausbessert.

Auf Grund der Reparaturen ist der Kanal auch seit drei Wochen für den normalen Schiffsverkehr gesperrt. Lediglich die Arbeitsboote haben eine Sondergenehmigung.

Es ist gegen 12.30 Uhr, als Reinhard K. rund drei Meter vom nördlichen Ufer entfernt etwas im Wasser entdeckt. Erst glaubt er, in Höhe von Kanalkilometer 316,8 einen toten Zander gesehen zu haben. Doch Sekunden später ruft er wie elektrisiert seinen Kollegen: „Du, ich glaube, das ist ein totes Kind."

Der zugedeckte Leichnam des Neugeborenen.

Reinhard K. hat sich nicht getäuscht. Es ist ein Neugeborenes, das im Wasser schwimmt. Die Schiffer benachrichtigen die Polizei. Wenig später sind die Beamten vom Wasserschutz und die Kriminalisten vom Revier Wolmirstedt am Fundort.

Kurz darauf nehmen die Spezialisten vom 2. Fachkommissariat Stendal die Ermittlungen auf. „Der Junge war unbekleidet", erinnert sich FK2-Chef Lutz Hirning. „Besondere Auffälligkeiten, die auf äußere Gewalt schließen ließen, haben wir nicht gefunden. Auch keine Mißbildungen."

Zwei Fragen müssen durch die Rechtsmedizin schnell geklärt werden: Hat der Säugling nach der Geburt gelebt? Wie lange lag der kleine Körper im Wasser?

An der Magdeburger Uniklinik beginnt das Team um den renommierten Rechtsmediziner Professor Dieter Krause mit Spezialuntersuchungen. Diese ergeben, dass das Baby völlig ausgereift war und auch keine Totgeburt vorlag. Untersuchungen des Herzens und die so genannte Lungenschwimmprobe ergeben eindeutig: Das Kind hat gelebt. Das unterstreicht auch der Befund des Dünndarms. Er war „belüftet". Für die Rechtsmediziner ein weiterer unumstößlicher Beweis dafür, dass das Kind nach der Geburt lebte. Der Magen ist leer. Todesursache ist zweifelsfrei Ertrinken.

Die Liegezeit des Körpers im Wasser engen die Rechtsmediziner mit Blick auf die Wassertemperatur auf „maximal 24 Stunden" ein. „Das Kind wurde also zwischen dem Abend des 21. Juni und dem folgenden Morgen ins Wasser geworfen", erläutert

Lutz Hirning. „Wobei ich persönlich mehr in Richtung Montag Morgen tendiere." Die Geburt des Kindes dürfte nur wenige Stunden vor dessen Tod gelegen haben.

Das Wasser in der Lunge ist Süßwasser. „Ob das Baby allerdings vor dem Verbringen in den Kanal in der Badewanne ertränkt wurde, kann nicht festgestellt werden", so der Kriminalist.

Die Fundstelle des Babys im Mittellandkanal.

Zur selben Zeit, da in Magdeburg die Mediziner versuchen, die forensischen Fragen zu beantworten, kreist ein Hubschrauber über dem Kanalabschnitt. Die Tatortgruppe des Landeskriminalamts untersucht die Umgebung. Die Beamten finden dabei unter anderem ein benutztes Papiertaschentuch und einen Slip. Allerdings bringt keines der Fundstücke die Ermittler auch nur einen Schritt weiter.

Im Wasser wird ein Plüschaffe gefunden. Der Aufschrei des Gewissens einer Mutter?

Jeden Tag sitzen Angler an beiden Kanalufern. „Wir haben gehofft, dass wenigstens einer von ihnen etwas gesehen hat", erinnert sich Hirning. Über die Ordnungsämter werden Adressen der Angler ausfindig gemacht. Doch niemandem ist Ungewöhnliches aufgefallen.

„Lediglich ein Angler hat am Freitag, dem 19. Juni, einen weißen Peugot 205 auf dem Kanaldamm beaobachtet", schränkt der FK2-Chef ein. „Er habe sich noch gewundert, wie der Fahrer auf den Deichweg gekommen ist, weil die Zufahrt mit einer Schranke gesperrt war."

Der Peugot-Fahrer ist bis heute nicht bekannt. Allerdings, so Hirning, sei das Baby am Freitag wohl auch noch gar nicht geboren gewesen.

Die Kripo wendet sich an die Kassenärztliche Vereinigung Sachsen-Anhalt, die alle Frauenärzte anschreibt, um so herauszubekommen, wo eine Frau schwanger war, jedoch kein Kind zur Welt gebracht hat. Auch bei Schwangerenberatungsstellen fragen die Ermittler nach.

Außerdem bittet die Polizei über die Presse die Bevölkerung um Hilfe. Daraufhin gehen eine Vielzahl von Hinweisen in Stendal ein. Darunter auch kuriose. So werden die Beamten auf eine Frau aufmerksam gemacht, die seit Monaten in der Nachbarschaft über ihre Schwangerschaft gesprochen, allerdings nie entbunden hatte. Eine gynäkologische Untersuchung ergibt, dass diese Frau nie schwanger gewesen ist. Untermauert wird der Befund des Frauenarztes durch einen Vergleich zwischen dem genetischen Fingerabdruck des toten Babys und dem der eingebildeten Schwangeren. Die Rechtsmediziner hatten aus dem Muskelgewebe des kleinen Opfers die DNA analysiert. Somit kann durch Vergleich eindeutig ermittelt werden, ob eine Tatverdächtige die Mutter ist oder nicht.

Die Kriminalisten treten im Falle des toten Kindes vom Mittellandkanal auf der Stelle. Allerdings sind die Ermittlungen in anderer Beziehung erfolgreich. Denn durch Hinweise aus der Bevölkerung decken die Kriminalisten zwei Fälle von Kindstötung auf, die sonst wohl unentdeckt geblieben wären.

So führt eine Spur in das Haus einer 27-Jährigen in Wernigerode. Sie hatte im Juni 1998 eine Tochter zur Welt gebracht. Die Frau hatte danach das Baby in Decken und Tücher gewickelt und das Bündel in einen nichtbetriebenen Kühlschrank gelegt. Sie habe gedacht, das Mädchen sei tot, sagte sie später beim Prozess vor dem Amtsgericht Wernigerode aus. Ines G. wird im Oktober 1999 wegen fahrlässiger Tötung zu einer 18-monatigen Bewährungsstrafe verurteilt.

Eine 29-Jährige aus Haldensleben gesteht im Zuge der Ermittlungen ebenfalls, ihr Neugeborenes getötet zu haben. Sie hatte das Kind in einer Plastiktüte auf einem Acker am Magdeburger Sülzeanger vergraben. „Wir dachten damals, den Kanal-Fall gelöst zu haben“, sagt Lutz Hirning. „Als uns die Frau jedoch nicht ans Wasser, sondern auf einen Acker führte, waren wir total überrascht.“

Die Kriminalisten konzentrieren sich besonders auf den Ohrekreis und auf Magdeburg. Doch sie kommen nicht weiter. „Es scheint sicher, dass das Kind nicht von einem Boot ins Wasser geworfen wurde, denn wie gesagt, der Kanal war zu dieser Zeit gesperrt“, sagt Hirning.

Die Akte des toten Babys aus dem Mittellandkanal ist zwar noch nicht geschlossen, aber die Hoffnung, nach zwei Jahren noch Licht in die Tat zu bringen, ist gering. „Vielleicht ist es das Gewissen, das die Mutter zu einer Aussage treibt. Oder jemand, der von dem Totschlag weiß und damals seine Gründe hatte zu schweigen, gibt uns einen Tipp“, hofft der Kriminalist.

Der Messer-Mord vor der Haustür

Freitag, 4. September 1998. Es ist gegen 1.30 Uhr, als sich Anja Lengnick in der Aschersleber Großdiskothek „Manege" verabschiedet. Wann sie jedoch das Gebäude verlässt und ob sie allein geht, ist nicht geklärt.

So richtig hat der 16-Jährigen die Disco-Nacht nicht gefallen. Ihr Ex-Freund, der auch in der „Manege" war, hat sie genervt. Später werden Zeugen sogar von einem Streit zwischen den beiden sprechen.

Drei Wochen zuvor hatte Anja mit Dirk (Name geändert) Schluss gemacht. „Der ist nicht der Richtige", hatte sie einer Freundin erzählt. Das blonde Mädchen will kein lockeres Verhältnis, sie will etwas Festes. Doch Dirk hat daran wenig Interesse. „Der geht mit dir doch nur, weil er nicht als einer dastehen will, der keine Freundin abkriegt", hatte ihr ein Bekannter von Dirk anvertraut. Anjas Ultimatum: ganz oder gar nicht.

Die 16-Jährige macht sich auf den Heimweg. Zwischen ein und zwei Uhr soll sie zu Hause sein. „Schaff' ich nicht mehr ganz", denkt sie. Denn sie kennt den Weg genau und weiß, dass sie bis zu ihrer Wohnung in der Judith-Resnik-Straße zu Fuß eine knappe halbe Stunde braucht

Trotz der späten Stunde fahren noch einige Autos an ihr vorbei. Zumeist sind es Jugendliche, die einen Abstecher von der Disco machen, um bei McDonald's oder Burger King schnell etwas zu essen.

Anja wird von Fußgängern gesehen. Sie fällt in ihrem schicken schwarzen Top und der weißen Hose im Licht der Straßenlaternen auf. Um 2.20 Uhr wird das Mädchen das letzte Mal gesehen. Da ist sie nur noch etwa 300 Meter von ihrer Wohnung entfernt und allein.

Das Foto des Tatorts und seiner Umgebung:
1 Die Baumgruppe, an der der Täter Anja überfiel. 2 Der Hauseingang, vor dem das Opfer verblutete. 3 Der Parkplatz vor Burger King. Dort stand zur Tatzeit ein roter Opel Corsa.

Anja gehen auf dem Heimweg allerlei Sachen durch den Kopf. Sie denkt an das berufsvorbereitende Jahr, das sie demnächst beginnen will und an ihren Traumberuf: Sozialarbeiterin. „Prima von Vati, dass er mir ein Auto kaufen will, wenn ich 18 bin“, überlegt sie. „Auch, dass er den Gebrauchten als seinen Zweitwagen anmelden will, damit ich nicht so viel Steuern bezahlen muss, ist super.“

Anja Lengnick

Was wenige Minuten später passiert, dafür gibt es keine Zeugen. Die 16-Jährige geht auf dem Plattenweg an der Baumgruppe vorüber, die unmittelbar an den Viergeschosser in der Judith-Resnik-Straße grenzt. Plötzlich spürt sie jemanden hinter sich. Sie will sich umdrehen, doch da ist schon der brennende Schmerz im Rücken, der ihr die Luft und beinahe die Besinnung raubt. „... nach Haus, schnell“, durchjagt es sie in Panik. Im selben Moment stößt der Täter zum zweiten Mal zu. Er zerfetzt eine Niere.

Das Mädchen schleppt sich mit schier übermenschlicher Anstrengung bis zum Hauseingang. Sie schafft es noch, ihr Schlüsselbund aus der Tasche zu nehmen. An der Briefschlitzseite, links neben der verschlossenen Eingangstür, versucht sie sich hochzuziehen. Doch sie schafft es nicht. Der starke Blutverlust hat sie bereits zu sehr geschwächt.

Eine Stunde später will eine Zustellerin Zeitungen in die Briefkästen stecken. Sie sieht das Mädchen in einer großen Blutlache regungslos vor der Tür liegen. Ob aus Angst oder weil sie glaubt, dass dort eine Betrunkene liegt, sei dahingestellt. Fakt ist, sie kümmert sich nicht um Anja. Allerdings ruft sie die Polizei an.

Dort läuft um 3.42 Uhr die Meldung auf: hilflose Person. Fünf Minuten später ist der Notarzt vor Ort. Er kann nur noch den Tod der 16-Jährigen feststellen.

Sonnabend Morgen, 7 Uhr. Anjas Vater kocht sich einen Kaffee. Dabei sieht er aus dem Küchenfenster im 4. Stock des Plattenbaus. „Ich habe mich gewundert, wieso da unten so viel Leute stehen“, erzählt Wolfgang Lengnick wenige Tage nach dem Mord der Volksstimme. „Aber durch das Dach über dem Hauseingang konnte ich ja nichts erkennen.“ Kurz darauf klingelt die Kripo an der Tür der Lengnicks. „Ist ihre Tochter zu Hause?“, fragt ein Beamter. Wolfgang Lengnick blickt ins Zimmer, das seine Große mit ihrer 13-jährigen Schwester Tina teilt. Das Bett ist leer. „Vor der Haustür habe ich mein Kind dann liegen sehen“, sagt der Vater, und seine Worte sind kaum zu verstehen.

Das 2. Fachkommissariat aus Halberstadt beginnt seine Ermittlungen vom Polizeirevier Aschersleben aus. „Zuerst haben wir uns um die rund 1.050 Diskothek-Besucher gekümmert“, erinnert sich FK-2-Chef Frank Götze. „Dabei stießen wir natürlich auch auf Anjas Ex-Freund.“ Er ist kein Unbekannter für die Polizei.

Doch die Aussagen von Jugendlichen, die Dirk kennen, widersprechen sich. Die einen meinen, dass er in der Mord-Nacht für etwa eine halbe Stunde die Disco verlassen hat – einige sagen sogar, dass er eine Jacke anhatte, als er wieder kam – andere behaupten hingegen, der 18-Jährige sei nie fort gewesen.

Bei den Ermittlungen stößt die Mordkommission auf eine Mitarbeiterin von Burger King. Das Schnellrestaurant befindet sich auf der anderen Straßenseite, nur wenige Meter vom Tatort entfernt. Gegen 1 Uhr schließt das Lokal. Danach reinigen die Angestellten noch das Burger-Restaurant.

Yvonne P. (Name geändert) fühlt sich schon den ganzen Abend nicht besonders. Deshalb fährt sie eher als die anderen nach Hause. Als sie vom Parkplatz herunter will, sieht sie einem roten Opel Corsa gegenüber. Sie sagt aus, dass zwei Personen darin saßen. Aber auf Grund der schlechten Lichtverhältnisse habe sie nur erkannt, dass es Männer waren, gibt sie zu Protokoll.

„Natürlich war das Auto für uns ein weiterer Mosaikstein, der auf Anjas Ex-Freund deutete", sagt Frank Götze. „Denn er fährt solch ein Auto."

Sonntag nacht werden Dirk und ein Freund vorläufig festgenommen. „Neben den Aussagen der Disco-Besucher und der Frau vom Restaurant gab es auch einige Ungereimtheiten in den Aussagen der beiden", sagt der Kriminalist. Hinzu kommt, dass die Freundinnen, die Dirk vor Anja hatte, erzählten, dass sich der 18-Jährige nur schwer damit abfinden kann, wenn ein Mädchen ihm einen Korb gibt.

Was fehlt, ist die Tatwaffe. Eine Art Hirschfänger. Sie ist bis heute nicht gefunden worden. Es ist jedoch sicher, dass Dirk solch ein Messer gehabt hat. Aber auch das ist verschwunden.

„Die Rekonstruktion der Tat hat ergeben, dass es dem Ex-Freund möglich gewesen ist, mit seinem Kumpel zum Burger King-Parkplatz zu fahren, nachdem Anja die Disco verlassen hat," sagt der FK2-Chef. „Mit dem Auto braucht man nachts weniger als vier Minuten bis zum Parkplatz."

Dort hätten die 18-Jährigen warten können, bis sie Anja Lengnick sehen. „Ist der Täter in diesem Moment ausgestiegen und die 100 Meter über die Straße gegangen, wäre er zur selben Zeit an der Baumgruppe angekommen wie sein Opfer."

Montag Abend werden die beiden jungen Männer aus dem Kreis Aschersleben-Staßfurt auf freien Fuß gesetzt. „Ein hinreichender Tatverdacht hat sich nicht bestätigt", so die Magdeburger Oberstaatsanwältin Silvia Niemann.

Doch für die Ermittler der Halberstädter Mordkommission ist das letzte Wort in diesem Fall noch lange nicht gesprochen. „Wichtige Untersuchungen laufen noch in den Labors des Landeskriminalamts", bestätigt Frank Götze. Und der Kriminalhauptkommissar ist sich sicher, dass er diesen Fall noch aufklären wird. Schließlich gibt es in den fünf Kreisen der Halberstädter Polizeidirektion seit 1990 nur zwei ungeklärte Morde.

Oma Alices mysteriöser Tod

Wolfgang F. will am Sonntag, dem 4. Oktober 1998, eigentlich nur mal auf einen Sprung zu Alice Engel in die Magdeburger Nachtweide. Die 83-Jährige hat aus dem Garten einen Zettel mitgenommen. Darauf steht der Termin, wann in den Lauben die Stromzähler ausgewechselt werden. Und dieses Datum muss der Schwager unbedingt wissen.

Die Haustür zum ehemaligen Wohnheim, das Anfang der 90er Jahre zum Wohnhaus für zumeist ältere Leute umfunktioniert wurde, ist mal wieder nicht abgeschlossen. Wolfgang F. ärgert sich noch darüber, als er zur ersten Etage hochsteigt, da sieht er, dass die Tür zur Einraumwohnung der Rentnerin einige Zentimeter offensteht. „Vielleicht ist sie in der Küche", denkt er und ruft – wie er aus Spaß seine Schwägerin immer nennt –: „Frau Engel!" Keine Antwort.

Dann fällt sein Blick genauer auf die Wohnungstür. Der Schließriegel steht heraus und ist beinahe aus der Türfüllung herausgebrochen.

Das letzte Foto von Alice Engel.

13.45 Uhr. Nichts Gutes ahnend, betritt der Schwager den Raum. Alice Engel liegt im Nachthemd wie tot vor der Zentralheizung. Das Gesicht der alten Frau ist schlimm angeschwollen. Fußboden und Wände sind blutbespritzt.

Wolfgang F. läuft sofort in seine Wohnung zurück, die nur eine Straße weiter liegt. Er verständigt den Notarzt, dann die Polizei. Wenige Minuten später wird die bewusstlose Frau ins Krankenhaus gebracht.

Die Kripo beginnt mit den Ermittlungen. Zuerst das Magdeburger Raubkommissariat. „Aus heutiger Sicht etwas unglücklich", sagt Kriminaloberkommissar Manfred Gerike von der Mordkommission. „Denn die Tatortarbeit bei einem Raub sieht doch etwas anders aus, als bei dem Verdacht auf ein Tötungsdelikt."

Nur so ist zu verstehen, dass die Kripo unmittelbar nach der Spurensuche die Wohnung des Opfers wieder frei gibt.

Doch bereits Montag früh übernimmt das 2. Fachkommissariat, zuständig für Mord und Totschlag, den Fall. Als die Ermittler die Wohnung in der Nachtweide 61 betreten, sind die Verwandten der Schwerverletzten gerade dabei, aufzuräumen. „Es gibt kaum etwas Schlimmeres für die Ermittlungen", sagt Gerike. „Aber wir mussten mit den Gegebenheiten zurechtkommen."

Zwei Dinge fallen sofort auf: Das Schlüsselbund der alten Frau hängt nicht an seinem Platz, es liegt auf einem Spiegelschrank. Und der Wohnungsschlüssel, der immer am Bund befestigt war, ist verschwunden. Der Kriminaloberkommissar:

„Bis heute ist er nicht wieder aufgetaucht – ein Rätsel.“ Es wird kein Pfennig Geld im Portemonnaie gefunden. Lediglich im „Versteck“ der 83-Jährigen, unter einem Hocker, findet Schwager Wolfgang einen 100-Mark-Schein.

Der Tatort in der Nachtweide 61. In diesem Zimmer wurde die Rentnerin erschlagen. Die Kripo sicherte Fuß-Spuren, Fremd-Blut und Fingerabdrücke.

Am 30. Oktober 1998 stirbt Alice Engel, ohne noch einmal aus der Bewusstlosigkeit erwacht zu sein. Die Obduktion am Rechtsmedizinischen Institut der Magdeburger Uniklinik bringt Licht in die Todesursache. Am Kopf der alten Frau werden 14 Einzelverletzungen festgestellt, sechs davon im Stirnbereich. Die obduzierende Ärztin geht von „stumpfer Gewalt“ aus, wahrscheinlich durch harte Schläge mit Faust oder Handrücken. Dadurch sei der Kopf hin und her geschleudert worden. Blutergüsse im Gehirn waren die Folge. „Das Opfer wurde regelrecht mit Schlägen durch die Wohnung getrieben“, sagt Gerike.

Trotz des unglücklichen Beginns der Tatortarbeit finden die Kriminalisten der Mordkommission noch wichtige Spuren. Vom Türrahmen werden Fingerabdrücke abgenommen, die vom Täter stammen könnten. Zwischen den Blutspritzern der alten Frau befindet sich auch fremdes Blut. „Die DNA wurde ermittelt“, sagt Gerike. „Verdächtige können somit eindeutig als Täter ausgeschlossen oder überführt werden.“

Auch Schuhspuren auf dem braunen Linoleum und blutige Schuhabdrücke auf einem Läufer könnten der Kripo weiterhelfen.

Die genaue Tatzeit steht nicht fest. Allerdings engen die Aussagen der Schwester des Opfers und einiger Nachbarn den Zeitraum ein.

Die Schwester Alice Engels hat die alte Frau als letzte unverletzt gesehen. Sie war am 3. Oktober bis 18.30 Uhr bei der 83-Jährigen. Ein Nachbar war gegen 1.45 Uhr ins Bett gegangen. Etwa eine Viertelstunde später habe er „eine Art Klopfen und einen Aufprall gehört“, gibt er zu Protokoll.

Die Ermittlungen bekommen eine konkrete Richtung. Ein 20-Jähriger gerät ins Visier der Kripo. Der junge Mann wohnt im Haus und konsumiert Drogen. „Wir haben ein Betäubungsmittelverfahren gegen den jungen Mann eröffnet“, erklärt Gerike die Strategie. „Wir haben die Wohnung des Marihuana-Rauchers durchsucht. Aber ohne Erfolg. Auch die Spuren waren ihm nicht zuzuordnen. Wir haben ihn dann noch ein Jahr im Auge behalten, doch auch das brachte nichts.“

Im Dezember 1999 gehen nach einer TV-Sendung über den Fall in der Nachtweide 61 noch einmal Hinweise beim 2. Fachkommissariat der Magdeburger Polizeidirektion ein. Doch sie führen nicht zum Täter. „Es ist möglich, dass er aus dem Umfeld des Drogensüchtigen kommt“, vermutet der Ermittler.

Neben Raub wird inzwischen auch eine andere Theorie nicht gänzlich ausgeschlossen. Da das Nachthemd des Opfers nach oben gezogen war, könnte unter Umständen auch der Versuch eines Sexualdelikts vorliegen.

Kapitel 3

Mein größter Fall

Erster Kriminalhauptkommissar Georg Giertz

Der Tod der fünf Neugeborenen

27. Dezember 1988 kurz nach 17 Uhr. Ein Mann rutscht am Heizhaus der „Sennhütte" über eine Kohlenschütte in den Kesselkeller. Unter seinem Arm trägt der 39-Jährige eine Papiertüte. Darin liegt ein totes Baby. Das Mädchen wurde elf Tage zuvor geboren.

In der kleinen Kesselanlage (rechts) des Wernigeröder Ferienheimes „Sennhütte" verbrannte Manfred F. das fünfte Baby.

Manfred F. kennt sich gut im Heizungskeller des Ferienobjekts im Wernigeröder Ortsteil Hasserode aus. Hat er doch dort mal gearbeitet. F. bleibt vor den zwei Heizkesseln stehen. Der kleinere ist in Betrieb. Der lang aufgeschossene Mann reißt die Feuerungsklappe auf und wirft die Papiertüte mit der kleinen Leiche in die Flammen.

„Es war das fünfte Baby der Familie, das von Manfred F. auf diese Art und Weise ‚entsorgt' wurde", erinnert sich der Erste Kriminalhauptkommissar Georg Giertz. „Die anderen, geboren Juli 1984, Juli 1985, September 1986 und November 1987, verbrannte er in der Großkesselanlage einer Metallgießerei in Wernigerode. Doch das wussten wir zu Beginn der Ermittlungen noch nicht."

Den Fall bekommt das Volkspolizeikreisamt der Harzstadt Anfang 1989 auf den Tisch. Die Kaderleiterin des Stahlbaus Wernigerode, in dem Margitta F. als Reinigungskraft arbeitet, war stutzig geworden. „Da hatte sie erst eine Schwangere in der Fabrik, die plötzlich wieder schlank war und etwas von ‚Toiletten-Fehlgeburt' erzählte", sagt Georg Giertz.

Die Kader-Chefin lässt sich von der 36-Jährigen nicht hinters Licht führen. Auch die Geschichte vom „Blutstau", mit der Margitta F. den Nachbarn gegenüber in den zurückliegenden Jahren ihren oft dicken Bauch erklärt hatte, zieht bei ihr nicht. Sie schickt die Frau zum Gynäkologen, verlangt eine Bescheinigung des Frauenarztes. Dort streitet sie weiter. Aber der Befund ist eindeutig.

Giertz, der damals zur Außenstelle der Bezirkspolizeibehörde in Halberstadt gehört, beginnt zu ermitteln. „Zuerst habe ich das Ehepaar zur Zeugenvernehmung geladen", erzählt er. „Dabei fiel mir zuerst die eigenartige Konstellation im Zusammenleben der beiden auf."

Margitta F. habe das Sagen gehabt. Ihr Mann hingegen sei sieben Tage die Woche von früh bis abends unterwegs gewesen, um Geld zu verdienen und die Familie zusammenzuhalten. Auch die Hauswirtschaft habe zum größten Teil auf ihm gelastet.

„Relativ schnell habe Manfred F. die Tötung des Neugeborenen zugegeben“, so der heutige Chef-Kriminalist des Reviers Wernigerode. „Aber ich hatte im Gefühl, dass da mehr abgelaufen sein muss.“

Das Ehepaar kommt in Untersuchungshaft nach Halberstadt. Die Kinder Stefan (5), Holger (9), Heiko (14) und Mike (15) müssen ins Heim, Mirko (17) zieht ins Lehrlingswohnheim.

„Bei der Durchsuchung der Wohnung in der Albert-Bartels-Straße 34 fanden wir auf den Matratzen des Ehebetts große Flecken. Dort hatte die Frau ihre Kinder entbunden“, erzählt der Erste Kriminalhauptkommissar.

„Die Frau, die unter der kinderreichen Familie wohnte, erzählte uns, dass Margitta F. oft angetrunken war. Im Prozess gab diese dann auch zu, dass sie zwischen 70 und 80 Mark pro Woche für Schnaps und Bier ausgegeben haben. Zuletzt trank das Paar jeden Abend eine Flasche Hochprozentigen.“

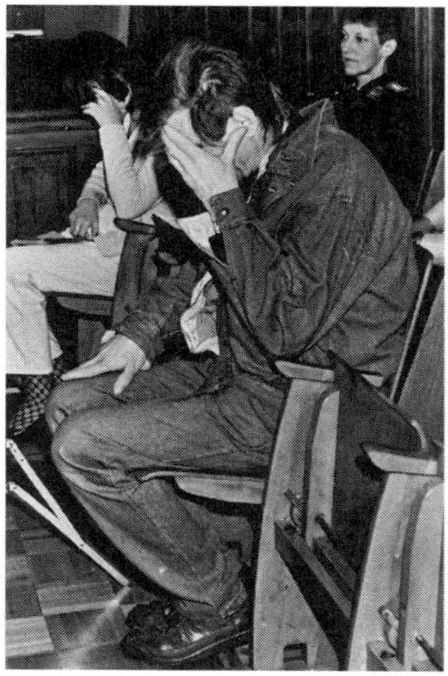

Margitta und Manfred F. beim Prozess vor dem Magdeburger Bezirksgericht im Juni 1990.

Dieselbe Nachbarin sieht Margitta F. die Schwangerschaften an, obwohl sich die Frau schnürt und weite Kleider trägt. „Ich habe gedacht, dass sie die Babys nach der Geburt gleich zur Adoption freigibt“, sagt sie der Polizei.

Georg Giertz hält Kontakt zu Mirko, dem ältesten Sohn. Das Lehrlingswohnheim befindet sich nur ein paar Schritt von der Wohnung des Kriminalisten entfernt. „Ich habe dem Jungen gesagt, dass wir über alles sprechen können. dass er mich jederzeit besuchen kann.“

Mirko fasst Vertrauen. Was der Ermittler dann nach und nach erfährt, bestätigt seinen Verdacht, dass es sich um einen Fall handelt, der ihm bisher noch nicht untergekommen ist.

„Der Junge erzählte mir genau, wie die Geburt des kleinen Mädchens abgelaufen ist“, sagt Giertz. „Er wollte sich eine Last von der Seele reden.“

Am 16. Dezember 1988 sehen sich Margitta F. und ihre Kinder eine Fernsehserie an. Als bei ihr die Wehen einsetzen, gibt die Mutter ihrem Großen den Auftrag, den Vater von der Arbeit zu holen. Die abgesprochene Losung lautet: Es ist Besuch da. Du sollst nach Hause kommen.

Doch Manfred F. kann nicht weg von der Arbeit, um seiner Frau, wie bei den Hausgeburten zuvor, zu helfen. Der Junge läuft zurück in die Wohnung. „Dann müssen du und Mike eben helfen“, verlangt die Mutter. Sie hat im Schlafzimmer alles vorbereitet.

„Sofort nach der Geburt des Mädchens hat Margitta F. dem Neugeborenen Zellstoff aufs Gesicht gelegt", gibt der Kriminalist wieder, was Mirko im damals erzählte. „Dann legte die Mutter das Kind in eine Korbkiste und ließ es sterben."

Kurze Zeit, nachdem Margitta F. entbunden hatte, sei sie wieder aufgestanden und habe weiter ferngesehen. Als der Vater nach Hause gekommen sei, habe er nur gefragt: „Alles gut verlaufen?" Die Antwort: „Ja, du musst es demnächst wegschaffen." Danach ging der Ehemann zu einer Betriebsfeier ins Hotel „Zur Post".

Am 27. Dezember verbrennt Manfred F. das tote Baby im Heizungskeller der „Sennhütte".

„Nachdem ich die Eltern mit den Aussagen Mirkos konfrontierte, legten sie ein umfassendes Geständnis ab", sagt Giertz. „Auch die vier anderen Taten aus den zurückliegenden Jahren gab das Paar nun zu."

Das Schwierigste für den Vernehmer ist, das Warum für die fünf Tötungen herauszubekommen: „Die ganze Sache war so unbegreiflich für mich, dass ich mich sehr schwer damit tat, ein Motiv zu begreifen."

Erst, als Margitta F. erzählt, dass sie während der Ehe intime Beziehungen zu anderen Männern hatte, und sie befürchtet habe, dass der Ehemann ihr auf die Schliche kommen könnte, wenn er am Äußeren des Babys sieht, dass es nicht vom ihm ist, kann der Kriminalist das Motiv ein Fünkchen nachvollziehen.

„Damit er nicht nachrechnen kann, hat sie auch ihrem Ehemann erst immer etwas von der Schwangerschaft gesagt, als diese schon weit vorangeschritten und es für eine Unterbrechung zu spät war", weiß Giertz.

Beim letzten Kind kam noch ein anderer Aspekt hinzu. Seit einiger Zeit hatte Margitta F. sexuelle Kontakte zu ihrem ältesten Sohn. „Ich hatte Angst, dass das Baby behindert zur Welt kommt", offenbart sie sich bei einem Verhör. Kinder habe sie nach den fünf Söhnen nicht mehr gewollt, aber Verhütungsmittel auch nicht. „Ich achte darauf, dass ich nicht schwanger werde", war der Kommentar der Wernigeröderin zum Thema „Familienplanung".

Georg Giertz ärgert sich heute noch, wenn er auf die Rolle des Referats Jugendhilfe beim Rat des Kreises Wernigerode zu sprechen kommt. „Die Leute sind bei Familie F. ein- und ausgegangen", schimpft er, „aber angeblich haben sie nie etwas von einer Schwangerschaft bemerkt. Am liebsten hätte ich die ganze Jugendhilfe hinter Gitter gebracht."

Am 29. Mai 1990 beginnt vor dem 1. Strafsenat des Magdeburger Bezirksgerichts der Prozess. Die Anklage lautet: mehrfach gemeinschaftlich begangener Mord, Anstiftung zum Mord und Totschlag. Die psychiatrischen Gutachten bescheinigen dem Ehepaar volle Zurechnungsfähigkeit. Sohn Mirko wird im Zusammenhang mit der Tat vom Dezember 1988 attestiert, nicht schuldfähig zu sein.

Am 18. Juni 1990 werden Margitta und Manfred F. zu je 15 Jahren Haft verurteilt. In ihren Schlussworten bedauern beide ihre Taten: „Wir haben schwere Schuld auf uns geladen und bereuen zutiefst."

Kriminalhauptkommissar Frank Becker

Deutschlands längste Kindesentführung

Der 5. November 1991 ist ein trüber, verregneter Dienstag. Es ist der Tag, an dem in Dessau der drei Monate alte Wilbert aus seinem Kinderwagen gestohlen wird. Für Kriminalhauptkommissar Frank Becker beginnt sein größter Fall. Das Verbrechen geht als längste Kindesentführung Deutschlands in die Kriminalgeschichte ein.

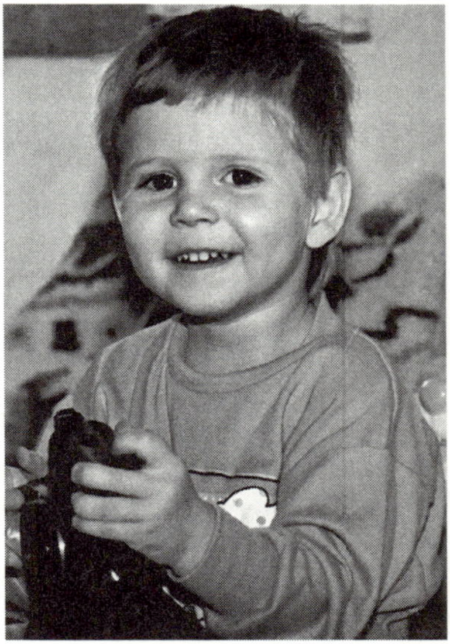

Der zweijährige Wilbert Grusser aus Dessau im Dezember 1993, kurze Zeit, nachdem er wieder zu Hause war.

Es ist 11.45 Uhr, das Telefon auf dem Schreibtisch von Frank Becker klingelt. Der Kriminalist von der Dessauer Polizeiinspektion glaubt erst, sich verhört zu haben, als er erfährt, worum es geht. „Kindesentführung, das war nichts Alltägliches", erinnert sich der Kriminalhauptkommissar. Sofort denkt der Ermittler an die Tragik solcher Fälle, die Ungewissheit und den Kummer für die Eltern.

Wenige Minuten später ist Becker am Tatort – dem „Haus des Reisens" in der Kavaliersstraße. „Da befand sich damals die Meldestelle", erläutert der Kriminalist. „Die Mutter des drei Monate alten Kindes hatte dort Behördenwege zu erledigen und den Wagen mit dem schlafenden Wilbert unter die Treppe im Eingangsbereich geschoben. Dann war sie in eines der Amtszimmer gegangen."

Eine halbe Stunde später kommt Susann Grusser zurück. Sie ist wie vom Donner gerührt. Der Kinderwagen ist verschwunden. Sie läuft aus dem Haus, fragt Passanten, rennt Frauen mit Kinderwagen hinterher. Umsonst. Kurz darauf meldet sie den Vorfall, völlig aufgelöst, im Polizeirevier.

„Noch während der Anzeigenaufnahme wurde die so genannte Nahbereichsfahndung im Stadt-Zentrum eingeleitet", erzählt der Kriminalhauptkommissar. „Deshalb fand die Schutzpolizei recht schnell den Kinderwagen mit dem Karomuster." Er steht an einem Parkplatz rund 800 Meter vom „Haus des Reisens" entfernt – ohne Bettzeug, ohne Kind.

„Anhand der Registratur konnten wir uns einen ungefähren Überblick verschaffen, wer zwischen 11 und 13 Uhr in der Meldestelle war", sagt Frank Becker. „Am Wochenende klapperten wir die Behörden-Besucher zu Hause ab und befragten sie."

Doch das erweist sich als ebenso erfolglos, wie die Fragen in Verkaufsstellen des Viertels und an Bewohner der umliegenden Häuser. „Die 56 Hinweise, die wir in dieser ersten Phase erhielten, verliefen alle im Sande“, weiß der Mann von der Dessauer Mordkommission heute noch.

Die Kripo weitet ihr Ermittlungsfeld aus. Psychisch auffällige Personen werden unter die Lupe genommen. Ebenso Frauen, von denen bekannt ist, dass sie ein Kind wollen, aber keine Babys bekommen können. „Auch in Frauenkliniken fragten wir nach“, erzählt Becker. „Doch auf Grund des Datenschutzes war es sehr schwer für uns, Auskünfte zu bekommen.“

Gesucht wird in Müllcontainern und der Verantwortliche für die Dessauer Hauptdeponie wird gefragt, ob er auf der Müllkippe etwas Verdächtiges bemerkt hat.

Eine Zeitung bietet in Absprache mit der Staatsanwaltschaft für Hinweise auf den entführten Wilbert 3.000 Mark an. Aber auch das bringt die Ermittler keinen Schritt weiter. Ebensowenig, dass der Fall bei „Kripo live“ und im Bundeskriminalblatt veröffentlicht wird.

Bis Ende Dezember steht für die Kriminalisten lediglich fest, dass Wilbert Grusser wahrscheinlich vom Fundort des Kinderwagens mit einem Auto weggebracht wurde. „Dünner konnte das Ergebnis eigentlich nicht sein und unsere Möglichkeiten waren ausgereizt“, sagt Frank Becker.

Der Fall wird von RTL in „Spurlos“ aufgegriffen. „Es war das erste Mal, dass wir mit einem Privatsender zusammenarbeiteten, und wir waren eher skeptisch“, gibt der Ermittler zu. Auch diesmal kommt das Fachkommissariat nicht voran.

„Wir blieben mit Familie Grusser weiter in Kontakt“, so Becker, „aber jedes Mal wurde es für uns schwerer, den Eltern Mut zu machen.“

Die Wende im Fall „Wilbert“ bahnt sich am 29. November 1993 an – zwei Jahre nach der Entführung.

„Wir haben hier eine Sache, die könnte mit eurem vermissten Kind zu tun haben“, vermutet ein Polizeikollege aus dem Ruhrpott.

„Vorausgegangen war folgendes“, erzählt der Dessauer Kriminalhauptkommissar. „Am 23. Juni 1993 hatte sich Andrea H. bei der Duisburger Polizei gemeldet und eine Geschichte erzählt. Sie sei im Oktober 1991 bei einem Kurzbesuch in Polen in einer Seitenstraße von einer Frau angesprochen worden. Die Polin habe ihr ein Baby verkaufen wollen. Als sie ablehnte, soll die Frau das Kind einfach auf eine Bank gelegt haben und weggerannt sein.“

Das Mutterherz habe in ihr zu schlagen begonnen, deshalb nahm sie den Jungen mit nach Duisburg.

Grund dafür, dass Andrea H. im Juni 1993 bei der Polizei vorspricht, ist der Adoptionsantrag, den sie gestellt hatte.

Die Duisburger Kripo wird stutzig: Geschlecht und Alter des Kindes stimmen mit dem des Babys aus dem Dessauer Fahndungsblatt überein. Hinzu kommt, dass es aus dem Bekanntenkreis der 30-Jährigen Duisburgerin ebenfalls einen Hinweis gibt.

„Die Nachricht war wie ein Stromschlag für uns", erinnert sich der Fahnder. „Nichts überstürzen, sagten wir uns. Nicht Familie Grusser in Hoffnung wiegen, die eventuell wie eine Seifenblase zerplatzt."

Zuerst einmal müssen die Dessauer Gewissheit haben, ob das Duisburger Kind Wilbert ist. Ein Abstammungsgutachten muss her. Aber ohne, dass die Eltern den Grund dafür erfahren. „Wir haben Familie Grusser die Geschichte vom Aufbau einer Gen-Datei erzählt, damit der Arzt Blut von ihnen nehmen konnte."

Zeitgleich wird Andrea H. zur Duisburger Rechtsmedizin bestellt. Um Blut von Wilbert abzunehmen, wegen der Adoption, wie es heißt. Rechtsmedizinerin Petra Birkner ist in dieser Situation eine große Hilfe für die Dessauer Kripo. Um die verdächtige Andrea H. nicht stutzig zu machen, überklebt sie alle Schilder, die sie als Rechtsmedizinerin ausweisen.

Am 10. Dezember 1993 bekommt Becker das Vergleichsgutachten auf den Tisch: Über 99 Prozent Gewissheit, dass die Grussers die Eltern von Wilbert sind.

„Als erstes informierten wir die Eltern. Sie lagen sich in den Armen. Beide hatten wohl selbst nicht mehr daran geglaubt, ihr Kind je wiederzusehen", erinnert sich der Kriminalhauptkommissar an den Schlussakkord des Falls.

Rund 800 Meter vom Tatort entfernt, wurde 1991 der leere Kinderwagen gefunden.

Susann Grusser geht einkaufen, was ein inzwischen zweijähriger Junge so braucht. Weil sie und ihr Schicksal in Dessau bekannt sind und die Öffentlichkeit vorerst herausgehalten werden soll, fährt sie in Geschäfte außerhalb der Stadt.

Am 14. Dezember setzen sich Becker und ein Kollege ins Auto und fahren ins Ruhrgebiet. „Unser Plan war: Zugriff und Trennung vom Kind bei einem zum Schein beim Jugendamt anberaumten Termin und Durchsuchung der Täter-Wohnung", erzählt der Ermittler

In der Duisburger Wohnung wird zunächst der Lebenskamerad und Mittäter Frank D. festgenommen. Er gibt zuerst vor, nichts von der Sache zu wissen.

„Alles lief wie am Schnürchen. Auch bei der gemeinsamen Aktion im Duisburger Jugendamt. Andrea H. ist so überrascht, dass sie gar nicht erst leugnet."

Im Gegenteil. Die 30-Jährige sagt: „Nehmen sie alle Sachen des Jungen mit, an die er bei uns gewöhnt war.“ Darunter ist auch das Kissen aus dem Kinderwagen. Ein wichtiges zusätzliches Beweismittel.

Andrea H. hatte das Kind gut behandelt. Psychologen und Kinderärzte stellen fest, dass der Junge altersgerecht entwickelt ist und keine psychischen Störungen vorliegen.

Bei der ersten Vernehmung erfährt Frank Becker Tatmotiv und Vorgehensweise. „Andrea H. hatte eine Fehlgeburt, wollte aber unbedingt ein zweites Kind. Sie hatte bereits eine Schwangerschaft vorgetäuscht“, so der Kriminalist. „Die Oma der 30-Jährigen wohnte in Delitzsch, deshalb kannten Andrea H. und Frank D. Dessau. Am 5. November 1991 waren H. und D. gezielt in die Muldestadt gefahren, um ein Kind zu stehlen.“

Die erste „Kandidatin“ mit Kinderwagen hatte das Paar noch ausgelassen. Sie sah „nicht Vertrauen erweckend“ aus. Die zweite war Susann Grusser. Ihr folgten sie bis zur Meldestelle. Nachdem die Mutter den Wagen abgestellt hatte, ging alles blitzschnell. Minuten später waren sie nach Duisburg unterwegs. Als das Paar im Autoradio von der Fahndung nach dem Baby hört, winkt Frank D. überheblich ab: „Die Ost-Polizei kriegt uns nie!“

Im September 1995 findet der Prozess am Dessauer Landgericht statt. Andrea H. wird wegen „Kindesentziehung“ zu einer Haftstrafe von zwei Jahren verurteilt, ihr Lebenskamerad zu einem Jahr, sechs Monaten.

Kriminalhauptmeister Gerd Kunze

Auch der Mörder musste sterben

Kriminalhauptmeister Gerd Kunze steht am Ufer der Rossel. Gerade hat die Feuerwehr aus dem Roßlauer Bach eine unbekleidete weibliche Leiche gezogen.

Zwei 15-Jährige hatten sie an jenem 28. Februar 1992 gegen 11.30 Uhr entdeckt. Die Jugendlichen waren auf dem kleinen Tunnel-Fußweg unter der Eisenbahnlinie Dessau-Wittenberg unterwegs, als sie einen Arm aus dem 60 Zentimeter tiefen Wasser ragen sahen. Sie waren zum Güterbahnhof gelaufen, ein Bahner hatte das Polizeirevier Roßlau alarmiert. Von dort ging die Meldung an die Dessauer Polizeiinspektion.

„Kein Identifizierungsansatz", erinnert sich Kunze. „Die Tote war lediglich in eine Militärplane eingehüllt. Sie trug keinerlei Schmuck. Das Alter schätzten wir auf Mitte 20." Weit daneben, wie sich später herausstellt.

Der Körper ist mit blauen Flecken übersät. Der Rechtsmediziner, der kurz darauf an die Rossel kommt, stellt Hämatome fest – besonders im Gesicht und am Oberkörper der Toten. „Im Rücken- und Bauchbereich fand der Arzt bei der ersten Leichenschau so genannte Hautdefekte", weiß der Kriminalist noch.

Die Hautdefekte stellen sich bei der Obduktion als tiefe Einstiche heraus – sieben im Bauch, zehn im Rücken. „Vier waren so tief, dass sie die Lunge verletzt hatten. Als Tatwerkzeug vermuteten wir einen Schraubenzieher", sagt der Ermittler.

Über den Bauch geht zudem wie ein Gürtel ein langer Schnitt. In der Rechtsmedizin werden außerdem Rippenbrüche, Würgemale am Hals und eine offene Kopfwunde festgestellt. Todesursache: massive stumpfe Gewalt. Etwa einen Tag, so der Obduktionsbericht, war die Unbekannte tot, als sie gefunden wurde.

„Wodurch das Mädchen genau ums Leben gekommen war, wussten wir zu dem Zeitpunkt noch nicht. Auch nicht, wer das Opfer war", schildert Kunze. „aber dass ein Verbrechen vorlag, war klar."

Trotz des verunstalteten Gesichts entschließt sich die Dessauer Kripo, mit dem Foto an die Öffentlichkeit zu gehen. „Am 4. März 1992 haben wir in der Zeitung gefragt: ‚Wer kennt diese Tote?' Und gleich der erste Hinweis war ein Volltreffer", erzählt der Kriminalhauptmeister. „Ein Berufsschullehrer erkannte seine Schülerin. Wir fuhren zu den Eltern. Sie identifizierten ihr Kind." Vier Tage nach dem Leichenfund kennen die Beamten das Opfer: Heike R., 16 Jahre, aus Roßlau.

Allerdings können Heikes Eltern nicht viel zur Aufklärung des Verbrechens beitragen. „Heike war von zu Hause weg und hatte sich unter anderem eine ganze Weile in München aufgehalten", weiß Gerd Kunze.

Am 2. März wird 600 Meter von der Stelle entfernt, an der Heike gefunden wurde, im Bach ein Moped der Marke „Schwalbe" entdeckt.

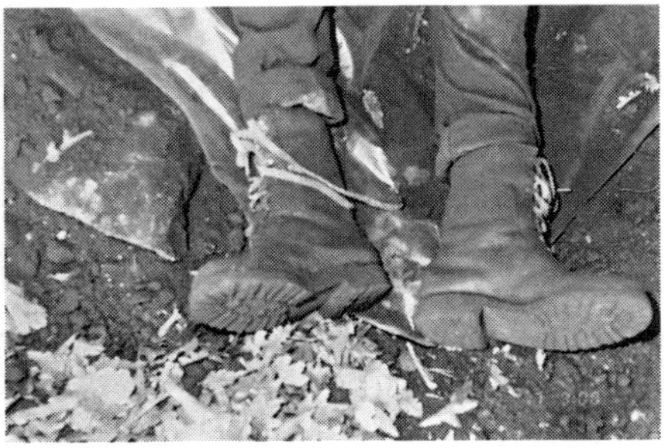

Kinder entdeckten auf dem Gelände der ehemaligen sowjetischen Kaserne eine männliche Leiche.

Kurz darauf meldet sich eine zweite Zeugin bei der Polizei, die mit Heike zusammen in der Ausbildung war. Durch sie wird der Kreis, mit dem die 16-Jährige Umgang hatte, bekannt. Heike soll mit anderen Jugendlichen in einer Roßlauer Wohnung gewohnt haben, so die Zeugin.

„Als wir am Nachmittag des 4. März bei der genannten Adresse auftauchten, waren dort drei junge Leute“, erinnert sich der Ermittler, „Silke (25), Uwe (22) und Bianca (16).“

Doch anstatt in ihrem eigenen Fall weiterzukommen, leisten die Mordermittler erst einmal ungewollt ihren Kollegen vom Diebstahlsdezernat Hilfe. „Wir fanden in der Wohnung nagelneue Farbkopierer – Wert rund 100.000 Mark“, sagt Kunze. „Doch das hatte mit unserem Fall nichts zu tun.“

Die drei jungen Leute zeigen sich anfangs sehr gesprächig. „Sie haben eine schöne Geschichte erzählt“, so der Kriminalist. „Am 27. Februar sei Heike mit ihrem 17-jährigen Freund Marco K. aus der Wohnung weggegangen. Marco soll gegen 0.30 Uhr ‚allein und aufgeregt zurückgekommen‘ sein. Gedanken darüber, wo Heike geblieben ist, hatte sich das Trio angeblich nicht gemacht.“

Die folgenden Einzelaussagen der drei erscheinen glaubhaft. Deshalb erlässt der Richter am 5. März auf Grund des Totschlagsverdachts Haftbefehl gegen Marco. Doch der 17-Jährige ist verschwunden.

Inzwischen ist auch der Besitzer des Mopeds in der Rossel ermittelt. Es gehört Uwe – einem der Wohngemeinschafts-Mitglieder. Er sagt aus, dass er Marco in Verdacht hat, die „Schwalbe“ genommen zu haben. Die Theorie der Ermittler: Marco hat das Mädchen in den Bach geworfen, dann das Moped hinterher.

Die Suche nach Marco, dem Jungen aus Coswig, ist trotz intensiver Fahndung erfolglos. Die erneute Zeugenvernehmung von Silke, Uwe und Bianca bringt zwar eine ganze Menge Namen ins Spiel, aber wo sich der Gesuchte aufhält, weiß dieser Personenkreis nicht. „Wir wurden unruhig“, sagt der Kriminalist. „Unsere Karten waren fast ausgereizt.“ Zumal die Vernehmung des Trios immer schwieriger wird. Denn Silke will nur noch gemeinsam mit ihrer „großen Liebe“ Uwe befragt werden. „Sie schaltete auf stur“, sagt Kunze.

Der 6. April 1992 bringt die kaum noch erwartete Wende. Zwei 14-Jährige spielen auf dem Gelände der ehemaligen sowjetischen Garnison in Roßlau. Dabei glauben sie, in einem alten Kohlebunker unter einem Kohlehaufen die Umrisse eines Menschen zu erkennen.

„Als wir dort ankamen", erzählt der Kriminalhauptmeister, „zeichneten sich wirklich Kopf und Schuhe ab." Vorsichtig wird der Körper freigelegt. „Trotz der recht langen Liegezeit konnten wir noch ordentliche Fingerabdrücke nehmen. Am 8. April bekamen wir das Ergebnis vom Landeskriminalamt und unser Verdacht bestätigte sich: Der Tote ist der gesuchte Marco, das fünfte Mitglied der Roßlauer Wohngemeinschaft."

Ähnlich wie bei Heike H. werden am Körper von Marco K. schwerste Verletzungen festgestellt. Durch massive Gewaltanwendungen, so das Obduktionsprotokoll, ist die Leber gerissen, der Unterkiefer ist zweifach gebrochen, ebenso Oberkiefer, Jochbein und Schädel.

Mit dem neuen Ermittlungsansatz geht es in die nächste Befragungsrunde. „Am 9. April kam Uwe erneut ins Plaudern", erinnert sich der Ermittler. „Neue Personen und Versionen kamen ins Spiel." Unter anderem führt Uwes Aussage zu einem Heiko und einem Nico. Doch beide fallen schnell aus dem Raster.

„Mitte April 1992 hatten wir zwei Leichen, aber keinen Täter", sagt Gerd Kunze. „Wir stießen nur ins Leere, wenn wir den Aussagen der Wohngemeinschaft folgten, wurde uns langsam klar."

Der Erfolgsdruck wird immer größer. „Wenn Uwe und Silke nur gemeinsam aussagen wollen, sagten wir uns, dann nehmen wir uns Bianca vor, die inzwischen aus der Wohngemeinschaft ausgezogen war und wieder bei der Mutter wohnte", berichtet der Kriminalist.

Am 28. April sitzt die 16-Jährige bei der Kripo. „Ich hatte das Gefühl: Das Mädchen weiß etwas", so Kunze. „Eineinhalb Stunden haben wir uns locker unterhalten." Dann Biancas letzter Satz vor der Vernehmungspause: „Kann mich die Polizei beschützen?"

Auch an die ersten Worte nach der Auszeit kann sich der Kriminalist genau erinnern: „Und was passiert mit mir? Ich war bei beiden Sachen dabei." Kunze: „Hast du Angst?" Bianca: Nicken, „Ja". Kunze: „Wovor?" Bianca: „Ihnen die Wahrheit zu sagen."

„Ich habe dem Mädchen vier Möglichkeiten angeboten", so der Vernehmer: „Vor mir und meiner Kollegin auszusagen, nur vor der Beamtin, auf Tonband zu sprechen oder alles aufzuschreiben."

Auf fünf eng beschriebenen Seiten schildert die 16-Jährige die Taten. Um 10.30 Uhr unterschreibt sie das Protokoll. Fünf Stunden später werden Silke und Uwe festgenommen.

Doch keiner der beiden will mit der Wahrheit herausrücken. Zuletzt antwortet Silke gar nicht mehr. „Um 23.30 Uhr waren wir kein Stück weiter."

Da bittet Silke um ein Zusammentreffen mit Uwe, der ein paar Zimmer weiter verhört wird. Als sich die beiden gegenüber stehen, fordert die junge Frau ihren Freund auf: „Sag die Wahrheit, ich tue es auch."

Silkes handschriftliches Geständnis ist 16 Seiten lang. Die Einzelheiten der geschilderten Taten lassen den Kriminalisten die Haare zu Berge stehen. Der Grund für Heikes Ermordung war eine Nichtigkeit. Die 16-Jährige soll am Tattag die Wohnungsinhaberin Silke angelogen haben. Der „Denkzettel", den Silke, Uwe, Bianca und Marco ihrer Mitbewohnerin verpassen, dauert zweieinhalb Stunden.

Nachdem sich Uwe „kampfbereit" die Springerstiefel angezogen hat, schlagen und treten die Vier auf ihr Opfer ein. Als Silke der Handfeger zerbricht, nimmt sie ein Metallgestell von einem Sessel und drischt weiter. Uwe muss sich zweimal „ausruhen", vor Anstrengung und weil ihm schlecht wird. Dann macht er gemeinsam mit Silke, Bianca und Marco weiter.

Uwe ist es dann, der eine Schere nimmt und damit 17-mal die Bewusstlose sticht. „Um zu prüfen, ob sie noch lebt", wie er aussagt. Dann ziehen sie die Tote aus, wickeln sie in die Militärplane und schieben sie auf dem Moped bis zur Rossel. Eigentlich wollen sie die Tote schon am Friedhof vergraben. Aber weil sie gestört werden, werfen sie Heike in den Bach. Ein Stück weiter versenken sie das Moped.

Am nächsten Tag sind sie unter denen, die zuschauen, als die Feuerwehr die Leiche an Land zieht.

„Marco hat die Tat nicht verkraftet", sagt Gerd Kunze. „Er war völlig verändert und die anderen drei Täter hatten Angst, dass er nicht ‚dichthält', wenn die Polizei Fragen stellt." – „Der quatscht, den müssen wir abseits legen", war sich das Trio einig. In Silkes Wohnung wird der Mordplan geschmiedet und die „Arbeit" aufgeteilt.

Am 29. Februar 1992 gehen die vier gegen 19 Uhr in eine Gaststätte. Silke hat ein Seil dabei. Marco wird „abgefüllt" – immer, wenn er nicht darauf achtet, kippen sie ihm Schnaps ins Bier.

Dann gehen sie mit dem schwankenden Marco Richtung Garnison. Weil die Polizei auf ihn aufmerksam geworden ist, sagen sie ihm. Der Kohlebunker sei ein prima Versteck. In einem lichten Augenblick fragt Marco: „Ihr wollt mich doch nicht umbringen?"

Im Bunker tritt Silke hinter den 17-Jährigen. Sie legt den Strick um seinen Hals und zieht zu. Als ihre Kraft nicht ausreicht, helfen ihr die anderen. Marco wird ohnmächtig. Zwei der Jugendlichen nehmen einen schweren Betonpfeiler und lassen ihn mehrere Male auf den Kopf des Opfers fallen. Dann verscharren sie den Toten unter Kohlendreck.

Die 2. Strafkammer des Landgerichts Dessau verurteilt Silke und Uwe am 11. Mai 1993 zu lebenslangen Haftstrafen. Uwe muss in den Maßregelvollzug von Uchtspringe. Bianca wird zur höchsten Jugendstrafe – zehn Jahre Haft – verurteilt.

Kriminalrat Dieter Müller

Die Million in der Bratpfanne

Klaus-Dieter H. (40) und Rudi St. (52) sind ein eingespieltes Team. Seit Monaten transportieren die beiden Hallenser für die Sicherheitsfirma ADS millionenschwere Geldsäcke. Der Ex-NVA-Fallschirmjäger und der ehemalige Stasi-Major gelten als zuverlässig, umsichtig und auf Grund ihrer Ausbildung in Selbstverteidigung und an Waffen als Musterbeispiele für Wachmänner schlechthin.

Ihr Auftrag am 2. März 1992 lautet, rund 1,5 Millionen Mark von der Zentralbank in Halle zu Volks- und Raiffeisenbanken im Kreis Hettstedt zu bringen. Seit dem 28. Februar wissen sie, dass sie die Hettstedt-Tour fahren müssen.

Eigentlich sollte das Duo an diesem Tag gar nicht gemeinsam unterwegs sein. Aber weil die Wachleute nach Dienst mit dem weißen Hochsicherheitstransporter privat eine Truhe transportieren wollen, ist ihnen der gemeinsame Einsatz genehmigt worden. Sie nehmen die Landstraße über Salzmünde (Saalkreis) Richtung Polleben. Die Straße ist kaum belebt, nichts erregt das Misstrauen von Fahrer Klaus-Dieter H. und seinem Kollegen Rudi St. Es ist 9.20 Uhr.

Kriminalrat Dieter Müller erinnert sich: „Wenige Stunden später teilte uns der ADS-Chef aus Halle mit, dass er aus der Waldgaststätte ‚Zur Lust‘ im Kreis Sangerhausen einen Anruf von seinen beiden Mitarbeitern bekommen hat. Viel konnte der Mann nicht sagen. Nur, dass seine Leute mit vorgehaltenen Waffen überfallen wurden, dass alles Geld geraubt und die Wachleute in den Vorharz – nahe Grillenberg – verschleppt wurden."

Die Ermittlungen beginnen. Vieles läuft parallel. Während sich Kriminalisten der Polizei-Inspektion auf den Weg in den Kreis Sangerhausen machen, werden die Wachmänner zur Kripo nach Eisleben gebracht.

„Stundenlange Einzelgespräche mit den beiden Opfern zeichneten ein exaktes Bild von der Tat", berichtet der Ermittler. „Ich habe mich gefreut – solch gutes Beobachtungsvermögen, solche Merkfähigkeit gibt es nur bei wenigen Zeugen."

Die Aussagen der beiden Wachleute decken sich und sind logisch. Kurz hinter Polleben, in einer Senke zwischen Heiligenthal und Gerbstedt, seien sie von einem hellgrauen Opel Kadett 1,3 ohne Kennzeichen überholt worden. „Das Auto setzte sich vor den Transporter", so die Aussage, „und bremste uns aus." „‚Stoß zurück‘, habe ich meinem Partner zugerufen", gibt Rudi St. zu Protokoll. Doch H. habe gesagt: „Geht nicht, hinter uns steht auch ein Pkw."

Drei Personen, Strickmützen mit Sehschlitzen überm Gesicht, bedrohen die Wachleute, zwei mit Kalaschnikows 74 bewaffnet, die dritte mit einer Panzerfaust. Die Lage sei aussichtslos gewesen. Deshalb hätten sie die Tür geöffnet.

„Wir habe auf Grund der Personenbeschreibung sofort die Fahndung herausgegeben", erinnert sich Kriminalrat Müller. Der Mann mit der Panzerfaust habe

„ganz hellgraue Augen gehabt", sei laut Wachmann H. „schlank, sportlich, 1,80 Meter groß" gewesen. Eine schwarze Bundjacke mit einem goldenen Abzeichen (Feder oder Flügel) am rechten Oberarm sei ihm aufgefallen. Der eine MPi-Mann habe dieselbe Statur gehabt, der zweite war 1,65 Meter groß.

„Wir mussten aussteigen und unsere Dienst-Revolver auf die Erde legen", heißt es im Protokoll. „Dann wurden uns Stoffsäcke über den Kopf gezogen."

Etwa eine Stunde seien sie im hinteren Teil des Transporters über eine „zuletzt kurvenreiche Strecke" gefahren worden. „Dann hieß es: ‚Raus, Hände hoch!'" Kurz darauf seien sie mit Handschellen gefesselt worden. „Der Generalschlüssel wurde uns weggenommen, und wir mussten uns 20, 30 Meter vom Fahrzeug auf den regennassen Boden legen." – „Wir hatten Todesangst, erschossen zu werden", so die Aussagen.

Nach 15 Minuten mussten die Wachleute aufstehen und zum Transporter gehen. Dort seien sie eingeschlossen worden. Der Befehl: „Eine Stunde Ruhe halten!"

Klaus-Dieter H. und Rudi St. bekommen „mit einem Montierhebel und vereinter Kraft" die rechte Tür des Sicherheitsfahrzeuges auf. „Wir standen auf einer Waldschneise, 50 Meter von der Straße entfernt", sagen sie gleichlautend aus. Alle Blechkisten waren aufgebrochen, das Geld weg. „Nach einigen Minuten Fußmarsch kamen wir zur Gaststätte ‚Zur Lust'."

„Alles passte zusammen", kramt der Ermittler in seinen Erinnerungen. „Es gab keine Widersprüche, die an der Überfall-Version zweifeln ließen. Auch der ADS-Chef legte die Hand für seine Leute ins Feuer."

Sechs Wochen nach dem Überfall auf den Geldtransport wurde die Tat mit den ADS-Sicherheitsbeamten rekonstruiert.

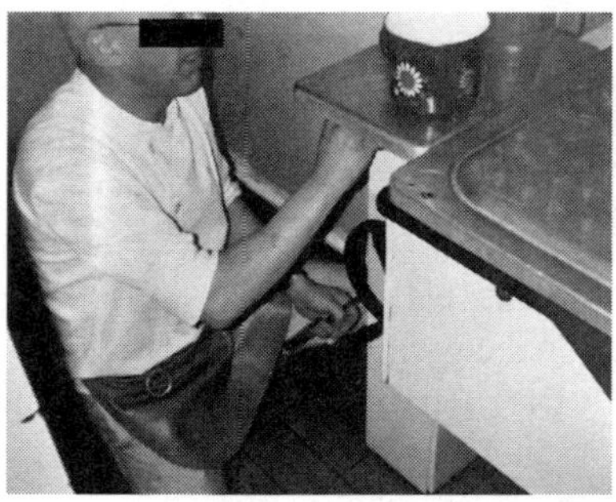

Rainer W., Inhaber der Gaststätte Kloschwitz im Saalkreis, zeigt der Kripo, wo er das Geld versteckt hat.

Die Polizei grast das Umfeld der Opfer ab. „Es ist nie auszuschließen, dass ein Wachmann ein unbedachtes Wort fallen lässt, irgendjemand etwas über die Geld-Tour aufschnappt und den Überfall plant", weiß der Kriminalrat. Doch außer einigen Personen der Wachfirma wusste niemand Bescheid. Nach der Überprüfung scheidet dieser Kreis allerdings aus.

Gleichzeitig wird damit begonnen, die gesicherten Spuren am Ort des Überfalls und um das abgestellte Fahrzeug herum auszuwerten.

Auch die Bewohner der Orte in Tatortnähe werden befragt. Desgleichen Taxiunternehmer und Busfahrer, die diese Strecke befahren. „Doch niemand hatte etwas gesehen, und auch die Spurenlage war mehr als dünn", sagt Müller. „Was wir definitiv hatten, waren die Aussagen der Sicherheitsmänner. Und von Zeugenvernehmung zu Zeugenvernehmung wurden ihre Erinnerungen detaillierter."

Der Kriminalist will sich am 5. März in einer Bank einen genauen Überblick von den Vorgängen vor einem Geldtransport verschaffen. Dabei glaubt er, auf eine heiße Spur gestoßen zu sein. „Der Hauptkassierer war sichtlich aufgeregt und nervös", beschreibt Müller. „Nachdem ich erfuhr, dass er berufliche Probleme hat und die Tourenpläne ganz gut kennt, dachte ich: Das ist er." Doch Fehlanzeige.

Als sich der Ermittler einige Tage später näher mit den Spuren beschäftigt, stößt er auf einige Ungereimtheiten. „An den Handfesseln wurden keinerlei Erdanhaftungen festgestellt. Ungewöhnlich, wenn sich jemand mit nach vorn gefesselten Händen auf regennassen Boden legen muss." Dasselbe gilt für die Dienstwaffen, die angeblich aus dem Auto geworfen wurden.

Inzwischen sind die Säcke untersucht worden, die die Männer über dem Kopf hatten. „Null Haare", sagt Müller. „Auch, wie das Fahrzeug trotz der diversen Sicherheitsvorrichtungen geöffnet wurde, leuchtete den Kriminaltechnikern nicht ein."

Der Kriminalrat ist sich beinahe sicher, dass Insider den Raub begangen haben, trotzdem geht das Klinkenputzen weiter. Am 15. April wird eine große Tatortrekonstruktion durchgeführt. Video- und Fotoaufnahmen sollen den Ablauf des Millionenraubs minutiös dokumentieren. Die beiden Sicherheitsbeamten spielen sich selbst.

„Das ungute Gefühl, das ich schon seit einiger Zeit hatte, wurde stärker", erinnert sich Müller. „Die Aussagen passten nun doch gar nicht mehr so gut." So hatten beide ADS-Leute direkt nach der Tat gesagt, dass sie keinen der Notrufknöpfe bedient haben. Bei der Rekonstruktion gaben sie an, doch Alarm ausgelöst zu haben. Doch der kam in der Zentrale nicht an.

„Als noch bekannt wurde, dass die beiden nicht mit Geld gesegnet waren, habe ich mir am Mittag des 16. April Rudi St. vorgeknöpft und ihn das erste Mal als Tatverdächtigen vernommen", erzählt der Kriminalist.

Müller geht auf die Stärken des Ex-Stasi-Majors ein, sagt: „Sie wissen ja, wie wir arbeiten", lobt die überdurchschnittliche Intelligenz seines Gegenübers. Gleichzeitig weist er St. auf die inzwischen bekannten Widersprüche hin und darauf, dass der, der zuerst aussagt, die besseren Karten vor Gericht hat.

Es ist die richtige Taktik, die der Profivernehmer einschlägt. Der Verdächtige wird immer nervöser. Nach einer weiteren Stunde väterlichen Zuredens, sagt der ADS-Wachmann: „Gut, Herr Müller, ich denke, es hat keinen Sinn mehr. Ich bin Ihnen sehr dankbar, dass Sie so freundlich mit mir geredet haben. So komme ich aus dieser Sache mit einigermaßen Gesicht heraus."

Aus dem folgenden handschriftlichen Geständnis erfährt der Kripo-Mann, dass Klaus-Dieter H. und Rudi St. eine Woche vor der Hettstedt-Tour den Coup geplant haben. Ausgangspunkt sei ein Gespräch gewesen, in dem es darum ging, dass es mit dem Verdienst nicht aufwärts geht. „Man müsste etwas auf die Seite schaffen, damit man nicht nur von der Hand in den Mund lebt", sagte H.

Ein paar Tage später kam der 40-Jährige erneut auf das Thema zu sprechen. Nun konkreter. Er habe einen guten Bekannten, der könne die „Beute auf Eis legen". Nachdem Gras über die Sache gewachsen sei, könne man dann nach und nach das Geld ausgeben. „Ich mach mit", entschied der 52-Jährige.

Kriminalrat Müller: „Am 2. März wurde das Papiergeld während der Fahrt in zwei Säcke getan und auf der Straße zwischen Salzmünde und Kloschwitz an den dritten Mann – einen Gaststättenbesitzer aus Kloschwitz übergeben. Dann spielten die Wachmänner den angeblichen Überfall genau durch."

Bei einer Hausdurchsuchung in der Gartenlaube von St. finden die Kriminalisten die ersten 5.000 Mark der Beute. Rudi St. hatte sie in einem Frühstücksbeutel unter die Sitzfläche des Trockenklos geklebt. Das restliche Geld soll im Schacht des Küchenaufzugs in der Kloschwitzer Gaststätte liegen.

Am 16. April stehen die Ermittler um 11.30 Uhr in der Küche der Gaststätte. Gleich neben der Tür lehnt eine Jagdflinte. Die stellen die Polizisten vorsichtshalber gleich beiseite. Dann kommt der Gaststätteninhaber in die Küche. „Ich sagte Rainer W. auf den Kopf zu, dass er Geld versteckt. Doch er fragte: ‚Wie kommen Sie darauf? Das ist eine Unterstellung. Hier ist kein Geld.' "

Der Ermittler konfrontiert den Mann mit den Aussagen der beiden Wachleute. Doch Rainer W. leugnet immer noch. Da weist Müller sein Team kurzerhand an, alle Töpfe und Pfannen auszuleeren, die Tiefkühltruhen abzutauen, die Wandverkleidungen abzureißen und alle Räume zu durchsuchen.

„Im Gastraum feierte gerade eine Hochzeitsgesellschaft. W. hatte Angst, dass es zum Eklat kommt. Er kniete sich vor eine große Kipp-Pfanne und montierte die Verkleidung des Fußes ab. Dahinter steckten die Geldbündel", erinnert sich Müller.

Aus dem Dorf werden Leute als Zeugen hinzugezogen. Eine ältere Lehrerin, die beim Geldzählen hilft, schüttelt immer nur den Kopf. Sie kann es nicht glauben, was passiert ist.

Es fehlen 42.000 Mark. Aber Rainer W. hat seinen Widerstand aufgegeben. Er führt die Kriminalisten ins Kellergewölbe. Dort hat er seinen „Anteil" in einem Hohlraum unter einem Weinregal versteckt. In zwei blauen Stahlkassetten liegen die Scheine.

Im März 1993 findet vor der 3. Großen Strafkammer des Landgerichts Halle die Hauptverhandlung statt. Klaus-Dieter H. wird wegen Diebstahls zu einer Haftstrafe von zwei Jahren und zehn Monaten verurteilt, Rudi St. muss zwei Jahre und acht Monate ins Gefängnis, Rainer W. zwei Jahre und sechs Monate.

Erster Kriminalhauptkommissar Lutz Hirning

Spur 214 war der Kindermörder

Lutz Hirning, Chef der der Stendaler Mordkommission, braucht nicht oft in die Akten zu sehen. Denn obwohl der Mord an Michael R. schon neun Jahre zurückliegt, kennt der Erste Kriminalhauptkommissar noch jede Einzelheit des tragischen Falls.

„Es war am Abend des 30. Mai 1992, als die Stendaler Mordkommission die Anzeige des Polizeireviers Salzwedel auf den Tisch bekam“, erinnert sich der Kriminalist. „Familie R. aus Sanne im damaligen Kreis Osterburg hatte den Kollegen mitgeteilt, dass ihr Sohn Michael entführt wurde.“

Den Beginn des Dramas beobachtete Erna O., eine 81-jährige Dorfbewohnerin. „Michael hat gegen 18.15 Uhr vor dem Haus in der Dorfstraße gespielt“, gibt die Augenzeugin kurze Zeit später zu Protokoll. Ein Auto sei langsam vorbeigefahren, habe gewendet und als der Wagen auf gleicher Höhe wie das Kind war, gestoppt. Der Mann hinter dem Lenkrad riss die Beifahrertür auf und zerrte den Sechsjährigen ins Auto. Dann fuhr er einen Feldweg entlang, Richtung Wald.

„Ich hatte sofort ein ganz flaues Gefühl im Magen, als ich die Umstände der Tat das erste Mal hörte“, erläutert Hirning. „Natürlich wussten wir, dass die Kripo Celle seit zwei Monaten den Mörder eines Jungen suchte – blond wie Michael.“

Am 18. März 1992 war Rudolf B. (10) aus Altencelle nach dem Fußballspielen auf dem Platz des SV Altencelle nicht nach Hause gekommen. Vier Tage später fand ein Spaziergänger nördlich der Landstraße 282 bei Lachtehausen den toten Jungen. Er war erstochen worden.

Die Stendaler Kripo löst am 30. Mai unmittelbar nach Bekanntwerden der Entführung die so genannte Ringfahndung aus. Alle Straßen in einem bestimmten Radius vom Tatort werden dicht gemacht. Doch der Kidnapper geht den Ermittlern nicht ins Netz. Die folgenden vier Tage wird das waldreiche Gebiet von der Polizei durchkämmt. Ebenfalls ohne Erfolg.

Hirning: „Vom ersten Tag an wurden unsere Ermittlungen von großem öffentlichem Interesse begleitet. Einerseits belastete die Anteilnahme der Medien die Arbeit, andererseits brachte sie uns jedoch weiter.“

Bereits kurz nach der Tat werden eine vage Beschreibung des Autos und des Täters veröffentlicht. So erfährt auch Helgard M. von dem Verbrechen. Sie meldet sich bei der Kripo und wird zur Schlüsselfigur des Falls.

„Am 2. Juni haben wir Frau M. befragt“, sagt der Erste Kriminalhauptkommissar. „Und was sie erzählte, ließ uns hoffen, den Fall bald lösen zu können.“

Helgard M. war am 30. Mai kurz vor 19 Uhr unmittelbar vor dem Stauraum einer Kreuzung in Salzwedel rabiat von einem Autofahrer überholt worden. „Der hat’s aber eilig, der Spinner“, denkt sie noch, da muss der Fahrer auch schon vor der roten Ampel halten. Der graublaue Opel Kadett steht in der Rechtsabbiegerspur Richtung Arendsee, Frau M. ordnet sich in der Geradeausspur neben ihm ein.

„Während der Wartesekunden fiel der Zeugin einiges auf", so Hirning. „So sah sie, dass auf dem Beifahrersitz ein kleiner, blonder Junge saß."

Da das Fahrer-Fenster einen Spalt offen steht, hört sie den Jungen schluchzen und den Mann schimpfen: „Sei endlich still! Halt den Mund!" Auch einen goldfarbener Ring mit schwarzer Platte am linken Ringfinger des Fahrers nimmt sie wahr, als sie nach rechts schaut. Einen Teil des Auto-Kennzeichens habe sie sich gemerkt, sagt sie aus, weil ihr auf Grund des vorausgegangenen riskanten Überholmanövers an der roten Ampel ein Reim in den Sinn kam: „Ein Celler ist auch nicht schneller."

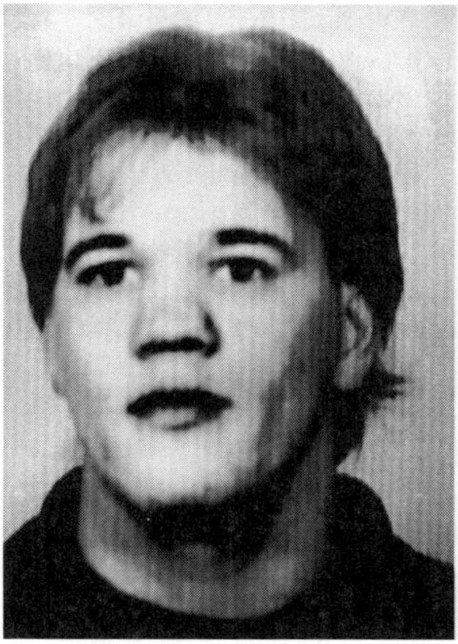

Kindermörder Thomas Enz.

Das Phantombild, das nach Angaben der Zeugin angefertigt wird, weist den Täter als etwa 30 Jahre alten, sonnengebräunten Mann mit kräftig-sportlicher Figur und nackenlangem mittel-/dunkelblondem Haar aus. „Wir suchten also nach einer Art ‚Schickimicki-Typ'", so Hirning. „Doch die Beschreibung stellte sich später als nicht zutreffend heraus."

Die Kriminalisten sprechen ausführlich mit Helgard M. über das Auto. „Das Kfz war für uns die heißeste Spur", bestätigt der Chefermittler. Die Zeugin ist sich sicher: Opel Kadett Typ D, Farbe blaugrau, Kennzeichen CE…

Von Anfang an gibt es Kontakte nach Niedersachsen. Zum ersten Mal wird im Bereich der Polizeidirektion Stendal eine gemeinsame Sonderkommission mit Ermittlern aus dem Nachbar-Bundesland gebildet. „In Celle arbeiteten 90 Kollegen am Mordfall ‚Rudolf B.', in Salzwedel versuchten 40 Kriminalisten aus Niedersachsen und 30 aus Sachsen-Anhalt die Entführung aufzuklären", erinnert sich Hirning. „Vom ersten Tag an gab es ein sehr gutes Verhältnis." Keine Seite habe sich in den Vordergrund gespielt. „Es ging um die Aufklärung, nicht darum, möglichst oft in den Medien zu erscheinen."

Am 9. Juni 1992 macht ein Mann im so genannten Wietzenbrucher Moor bei Celle eine schreckliche Entdeckung. Er findet wenige Kilometer von der Stelle entfernt, wo Rudolf B. zwei Monate zuvor entdeckt wurde, eine Kinderleiche. Der Autofahrer hatte auf einem Behelfsparkplatz an der Landstraße 298 gehalten und war ein paar Schritte in eine Schonung gegangen.

„Die äußerliche Identifizierung war nur noch anhand der Bekleidung möglich“, erklärt der Stendaler Mordkommissions-Chef. „Doch das grüne T-Shirt und die blaue Radlerhose ließen es zur traurigen Gewissheit werden: Es ist der Junge aus Sanne.“

Die Obduktion am 10. Juni in Göttingen bestärkt die Ermittler in ihrer Gewissheit, dass es sich beim Mörder von Rudi B. und Michael R. um ein- und denselben Täter handelt. „Deckungsgleiche Ergebnisse“, nennt es der Erste Kriminalhauptkommissar. „Beide Jungs wurden geschlagen, gewürgt und dann mit sechs Messerstichen in die Brust umgebracht. Bei B. brach die Schneide des Hirschfängers ab, bei R. war die Tatwaffe ein Klappmesser.“

„Und noch etwas fanden die Rechtsmediziner heraus“, sagt Lutz Hirning. „Die toxikologische Untersuchung fand Reste des Beruhigungsmittels Diazephan, auch als Faustan bekannt, im Blut beider Opfer. Nach Ansicht der Mediziner tritt die Wirkung nach spätestens 20 Minuten ein.“

Der Mörder, der, wie sich später erweist, in Mellendorf bei Hannover als Pfleger in einem Heim für schwer erziehbare Kinder arbeitet, hat den Jungs den Ruhigsteller mit einer so genannten Rektiole eingeführt.

Die Soko bildet Teams. Sie suchen die Halter von Opel Kadetts auf. Das Kraftfahrzeugbundesamt in Flensburg hat inzwischen eine Liste von in Frage kommenden Autos aufgestellt. „Es waren 329 blaue, 169 ‚blau-ähnliche‘ und 298 einst blaue, inzwischen jedoch umgespritzte Kadetts der Baureihe D.“, erinnert sich der Ermittler. „Hinzu kamen 103 Fahrzeuge aus Celle, die in Sachsen-Anhalt neu zugelassen worden waren.“

Insgesamt 899 Opel-Kadett-Besitzer werden befragt. Fehlanzeige. Die Teams werden gewechselt. Alles wird noch einmal durchgegangen. Wieder nichts. „Wir haben begonnen, an der Beobachtung unserer Hauptzeugin zu zweifeln“, gibt Lutz Hirning zu.

Was damals noch niemand weiß – zweimal stand die Kripo Celle auch vor der Tür des Mörders. Zweimal sprachen die Beamten mit ihm. Zweimal wurde das Alibi, das ihm eine Freundin gab, überprüft. Spur 214 war die heiße. Sie hätte den Ermittlern den Erfolg gebracht.

Da es sich in beiden Fällen um Kindesmissbrauch handelt, werden alle bekannten Sexualtäter aus dem Großraum Celle und Stendal überprüft. Ergebnislos. Auch Mitarbeiter von Firmen aus Celle, die in Sachsen-Anhalt arbeiten, werden abgescheckt. Ebenfalls nichts.

2.968 Spuren geht die Kripo nach, und letztlich ist es doch der Zufall, der den Ermittlern weiterhilft.

Am 4. Oktober 1992 sucht sich der triebhafte Moor-Mörder sein nächstes Opfer. Es ist ein Neunjähriger aus Hof (Bayern), den er nach München entführt. Blond, wie Rudi und Michael. Doch der Junge wehrt sich und schreit. „Da gerade Oktoberfest und dementsprechend eine Menge Polizei auf den Straßen war, bekam der Kidnapper Angst.“ Er ruft die Eltern des Jungen an, die bereits eine Vermisstenanzeige aufgegeben haben. „Ich habe Ihren Jungen“, sagt der Täter. Dann nennt er die Telefonzelle, an der er den Neunjährigen abgesetzt hat.

Er bleibt jedoch in der Nähe, um mit anzusehen, was passiert. Doch die Münchener Polizei riegelt die Straße ab. Kurz darauf wird der Entführer gefasst. Es ist der 24-jährige Thomas Enz aus Hambühren bei Celle.

„Der graublaue Kadett mit Celler Kennzeichen lässt die Münchener ahnen, wer ihnen da ins Netz gegangen ist“, so Hirning. „Sie informieren die Soko und Beamte aus Celle bringen Enz nach Niedersachsen. Bereits in Schweinfurt beim ersten Halt legt der Verdächtige ein Geständnis ab.“

Er gibt nicht nur die Sexual-Morde an Michael R. und Rudolf B. zu, er sagt auch, dass er schon des Öfteren kleine, blonde Jungs angesprochen hat, weil sie ihn erregten. „Ich habe die beiden gefragt, ob sie mich oder das Auto wieder erkennen würden“, macht der Mörder einen hilflosen Versuch, sich zu rechtfertigen. „Sie haben Ja gesagt. Deshalb musste ich sie doch töten.“

Thomas Enz wird am 21. Mai 1993 vom Landgericht Lüneburg zu einer lebenslangen Haftstrafe verurteilt. Die Kammer entscheidet, den Sexualtäter zuvor für unbestimmte Zeit in eine geschlossene Psychiatrie einzuweisen. Neben den beiden Morden werden Enz zudem Sexualstraftaten an weiteren acht Jungen und einem Mädchen nachgewiesen.

Kriminalhauptkommissar Jochen Ullrich

Der Kannibale vom Süßen See

Im August 1994 wird in Tschechien die 12-jährige Jana T. Opfer eines Sexualmörders aus dem Mansfelder Land. Bei ihren Ermittlungen stößt die Merseburger Mordkommission auf seelische Abgründe beim Täter, die sie zuvor nur aus der Theorie kennt. Für Kriminalhauptkommissar Jochen Ullrich wird der Fall des „Kannibalen vom Süßen See“ zum größten Fall.

Der 12. August 1994 ist schwül-heiß. Jana T. (12) und ihre Freundin Valina (16) sitzen auf der Holzbank vor dem Haus der Familie T. in Vojkovice (Kreis Karlsbad). „Fast 30 Grad“, stöhnt Valina. „Lass uns zum Schwimmen fahren.“

Es ist gegen 13 Uhr. Die Mädchen wollen gerade ihre Badesachen holen, da hält ein „Adria“-Wohnmobil vor der Haustür. Ein kleiner, etwas dicklicher Mann steigt aus. Jana kennt den Deutschen. Denn Ralf H. (28) und seine Frau Beatrice (25) machen nicht das erste Mal Halt im Erzgebirgsdorf, 20 Kilometer von Karlsbad entfernt. Sie waren immer freundlich und haben schon die eine oder andere Cola spendiert und bunte T-Shirts mitgebracht.

„Wollt ihr mit zum Campingplatz nach Pilsen?“, fragt Ralf H. Die Mädchen wissen, dass es sich in der Nähe herrlich baden lässt und freuen sich über die Einladung. Auch Janas Mutter Marcella, die Familie H. ebenfalls kennt, hat nichts dagegen. „Fahrt nur“, sagt sie.

Sechs Stunden später ist Jana tot. Am 14. August gegen 18 Uhr wird die nackte Leiche des Mädchens von einem Angler in einem Teich bei Tremosna gefunden – rund 60 Kilometer von ihrem Wohnort entfernt. Die 12-Jährige wurde erschlagen. Aus ihrem linken Unterarm sind mehrere Stücken Muskelgewebe herausgeschnitten.

Kriminalhauptkommissar Jochen Ullrich kann sich noch genau daran erinnern, wann er den ungewöhnlichsten Mordfall seiner Laufbahn mit dem Aktenzeichen Ks 10/95 auf den Tisch bekam. „Am 15. August leitete die bayerische Bundesgrenzschutz-Station Furth im Wald ein Schreiben von der 1. Abteilung der Kripo-Bezirksdirektion Karlsbad an die Mordkommission weiter. Darin wurden wir über den Fall informiert.“ Zugleich erfährt Ullrich, dass gegen Ralf und Beatrice H. aus Seeburg am Süßen See ein begründeter Tatverdacht besteht.

Jana kannte Familie H. und stieg ohne Argwohn zu ihr ins Wohnmobil.

„Wir schrieben das Paar und ihr Leih-Wohnmobil mit dem Kennzeichen MH-AX 519 zur Fahndung aus“, erzählt der Ermittler. „Parallel fuhren wir nach Seeburg, um dort die Verwandten der Gesuchten zu befragen.“

Doch der 70-jährige Vater von Ralf H. weiß nicht viel. Sohn und Schwiegertochter seien viel unterwegs. Wo sie sich zur Zeit aufhalten – keine Ahnung.

Die Kripo erfährt, dass die Gesuchten das Wohnmobil zwei Tage nach der Tat bei einer Leihfirma an der B 80 im Saalkreis abgestellt haben. Seitdem sind sie mit Autos unterwegs, die sie viermal bei Gebrauchtwagenhändlern wechseln. Sie bezahlen mit ungedeckten Euro-Schecks.

„Wir untersuchten das Wohnmobil. Die Schäden bewiesen, dass Familie H. auf dem Campingplatz bei Pilsen war. Die Karosserieteile, die sie sich dort durch einen Unfall abrissen, gehörten zum ‚Adria‘ “, sagt der Kriminalhauptkommissar.

Die Kriminalisten stoßen darauf, dass H. kein unbeschriebenes Blatt ist. „Er hatte mehrfach in Pensionen die Zeche geprellt, an Tankstellen nicht bezahlt und Autos unterschlagen.“ Die Staatsanwaltschaft Halle erlässt internationalen Haftbefehl.

Die Recherchen zur Person von Ralf H. zeichnen vorerst nur das Bild einer verkrachten Existenz. Die seelischen Abgründe, in denen der Seeburger seit Jahren lebt, liegen für Ullrich noch im Dunkeln.

Ralf H., der seine Maurerlehre mit Ach und Krach geschafft hat, steht völlig unter dem Einfluss seiner Ehefrau, hat auch ihren Namen angenommen. Nach der Wende scheitert er als Versicherungsvertreter. Andere berufliche Projekte gehen ebenfalls den Bach herunter. Er hält sich mit Gelegenheitsarbeiten und Betrügereien über Wasser.

Am 26. September 1994 trifft sich Ullrich mit tschechischen Kollegen am Grenzübergang in Bayern. Sie tauschen Ermittlungsergebnisse aus. Dabei stoßen sie zum ersten Mal auf die Abartigkeit des Gesuchten. „Die tschechischen Kriminalisten haben mir erzählt, dass H. einer Familie 1.000 Kronen angeboten hat, wenn sie ihm Urin von einer Frau besorgen.“

Das deckt sich kurz darauf mit den Recherchen der Sachsen-Anhalter. Als sie die Spur des Pärchens verfolgen, das sich immer wieder in Pensionen einmietet, aber am nächsten Morgen ohne zu bezahlen verschwindet, bekommen die Kriminalisten auch einen wichtigen Hinweis von der Pension „Zum Krockstein“ in Rübeland.

„Im Zimmer der H.s wurde ein Glas mit Urin gefunden und das Bettzeug war nicht mehr zu gebrauchen“, umschreibt Ullrich die Situation.

Die Kriminalisten sind immer einen Schritt hinter Ralf und Beatrice H. hinterher. Doch am 29. September endet die Flucht des Paares. In einem Gardelegener Eiscafé wird es erkannt und festgenommen.

„Ich habe beide aus der Altmark abgeholt“, erinnert sich Ullrich. „H. hat bereits beim ersten Verhör die Tat gestanden.“– „Ich weiß schon, warum ich hier bin“, sagt H. sofort, „Es stand doch in der Zeitung.“

Was Jochen Ullrich während der nächsten Tage erfährt, lässt ihm die Haare zu Berge stehen. Schnell wird ihm klar, dass er es nicht mit einem Monster zu tun hat, sondern mit einem sehr kranken Menschen. Ralf H. weiß allerdings ganz genau, dass er „nicht normal“ ist und einen Mord begangen hat.

„H. schilderte detailliert die Tat“, erzählt der Ermittler. „Bereits als er mit den beiden Mädchen in Vojkovice losfuhr, hatte er den Entschluss gefasst, Jana zu ermorden und ‚von ihr zu kosten‘, wie er sagte.“

In der Nähe von Petrohrad täuscht H. vor, dass etwas mit der Motorkühlung nicht stimmt. Er schickt seine Frau und die 16-jährige Valina auf einen Hof, der sich auf einer entfernt liegenden Anhöhe befindet. Sie sollen im Kanister Wasser holen.

Kaum ist er mit Jana allein, gibt er ihr zu verstehen, dass er ein Stück Fleisch von ihr will. „Es tut auch nicht weh“, verspricht er. Die 12-Jährige wehrt sich. Da tut H. die ganze Sache als dummen Spaß ab. Zu diesem Zeitpunkt – so gibt er beim Verhör zu – sei er schon stark sexuell erregt gewesen.

„Ralf H. beruhigte Jana und bedeutete ihr, dass er das Wohnmobil erklären will“, schildert Ullrich den weiteren Tatverlauf. „Als er sagte: ‚Guck mal, das ist das Batteriefach‘ und sich das Kind nach vorn beugte, schlug er Jana mit dem 36er Maulschlüssel, den er hinter seinem Rücken versteckt hielt, auf den Kopf.“

Dann schleppt er das wimmernde Mädchen ins Bad und schlägt weiter auf sie ein, bis sich Jana nicht mehr bewegt.

Er beginnt seinen perversen Traum in die Tat umzusetzen, reisst ihr die Kleider vom Leib und schneidet Stücke aus Janas Arm. Schnell steckt er sich etwas davon in den Mund, spuckt es aber gleich wieder aus, weil ihm übel wird.

Durch das Fenster sieht er seine Frau und Valina zurückkommen. Er macht Beatrice Zeichen, dass sie die 16-Jährige abwimmeln soll. Kurze Zeit später setzen sie Valina ab und fahren weiter Richtung Pilsen.

„Bei Tremosna lenkte H. das Wohnmobil über einen abseits liegenden Wiesenweg bis an den See“, erklärt Ullrich. „Gemeinsam reinigte das Paar den Innenraum. Dann ging Ralf H. bis zum Bauch ins Wasser und schob die Leiche Richtung See-Mitte.“

Ralf H. vor seiner Verurteilung im Landgericht Halle.

Während des Frage-und-Antwort-Spiels erfährt der Ermittler beinahe Unglaubliches. „Er hat sich schon als Jugendlicher in der Fäkalienwanne des LPG-Toilettenwagens versteckt und gewartet, dass Frauen ihre Notdurft verrichten."

Später beginnt er, Eigen-Urin zu trinken, um sich sexuell zu stimulieren. Als ihm das nicht mehr ausreicht, ist er täglich auf der Suche nach weiblichem Urin.

„Das Schlüsselerlebnis, wie er zum ‚Kannibalen' wurde, erzählte H. ebenfalls ganz offen", sagt der Merseburger Kriminalist. „Im Herbst 1993 wollte er das in die Tat umsetzen, was seit langem durch sein krankes Gehirn geisterte: Er wollte, dass er bei lebendigem Leibe aufgegessen wird."

Seine Frau und er fahren zu einer Bekannten in den Kreis Sangerhausen. Dort lässt er sich am ganzen Körper rasieren. Dann legt er sich auf eine Pritsche und wird von den Frauen mit Speiseöl eingerieben. Ralf H. hat zuvor eine Menge Beruhigungstabletten geschluckt. „Wegen der Schmerzen", wie er dem Vernehmer sagt. Doch er will die Prozedur bei vollem Bewusstsein erleben.

Als die Frauen, die nur zum Schein auf das perverse Ansinnen eingegangen waren, plötzlich sagen: „So nun ist aber genug" und sich über den ihrer Meinung nach köstlichen Scherz amüsieren, kann H. seine Wut kaum bremsen. An jenem Tag setzt sich bei ihm die Idee fest: „Wenn ich selbst nicht aufgegessen werde, muss ich eben einen anderen essen." Da ihm das in Deutschland zu gefährlich ist, setzt er seinen kranken Plan in Tschechien um.

In der Psychiatrischen Klinik von Uchtspringe, in die er bis zum Prozessbeginn eingewiesen wird, beschäftigt sich Ralf H. mit der eigenen Person. Seitenlang schreibt und zeichnet er seine Gedanken auf. Charakteristisch ist eine Zeichnung vom 6. Oktober 1994, die er mit der Überschrift „Der Trichter" versieht:

„Nach der Wende kam ich schon in den Trichter hinein
↓
Dann fiel ich tiefer, weil meine Schulden größer wurden
↓
Ich fiel tiefer, Arbeitslosigkeit
↓
Noch tiefer, weil ohne Geld
und ohne Arbeit Ausweglosigkeit
↓
Noch tiefer, Selbstmordversuch,
Klärgrube gesprungen,
war aber leer,
leider
↓
Ziel ist Selbstmord
↓
Tod
Da wieder aus Trichter herauszukommen, kann man nur mit fremder Hilfe
oder man gibt auf."

Am 20. Juli 1995 soll vor der 2. Großen Strafkammer des Landgerichts Halle der Prozess gegen Ralf H. stattfinden. Auf dem Weg zum Gerichtssaal 141 bricht der Angeklagte zusammen – Herz-Kreislauf-Kollaps.

Drei Tage später beginnt dann die nichtöffentliche Verhandlung, bei der es in erster Linie um das psychiatrische Gutachten geht. H. wird am 10. August 1995 wegen Mordes zu einer Haftstrafe von zehn Jahren und zwei Monaten verurteilt. Er wird wegen der Wiederholungsgefahr im Hochsicherheitstrakt der Forensischen Klinik Uchtspringe untergebracht.

Das Ermittlungsverfahren gegen Beatrice H. wegen Beihilfe wird von der Staatsanwaltschaft eingestellt.

Der Vorsitzende Richter Klaus Braun sagt nach der Verhandlung, in der H. sowohl über Motiv, als auch über die Tat bis ins letzte Detail berichtet hatte: „In dieser Form habe ich so etwas in meiner langjährigen Laufbahn noch nicht erlebt. Der Prozess sei jedoch auch ein „Hilfeschrei einer kranken Seele“ gewesen.

Inzwischen hat Ralf H. Ausgang im Klinikgelände. Dabei wird er von einer Sicherheitsperson begleitet. Im April 2001 teilte er der Volksstimme telefonisch mit, dass er seine Ex-Frau verklagen will, weil sie angeblich die Anstifterin für seine Tat gewesen ist.

Kriminaloberkommissar Ingo Ruthe

Die verräterische Smith & Wesson

Wie jeden Morgen, so steht auch am 4. Mai 1995 im 2. Fachkommissariat der Magdeburger Polizeidirektion die so genannte Frührunde an. Die Mord-Ermittler haben sich gerade hingesetzt, als eine Nachricht in die Besprechung platzt. Alle Pläne für die nächsten Wochen und Monate werden Makulatur.

Kriminaloberkommissar Ingo Ruthe erinnert sich an jenen Donnerstag: „Die Meldung lautete: ‚Ein Taxifahrer wurde gegen 7 Uhr in der Helmstedter Chaussee gegenüber dem Grundstück Nr. 44 tot in seinem Auto aufgefunden. Vermutlich Raubmord. Schutzpolizisten des Reviers West sind vor Ort und sichern den Tatort.' "

Ruthe und seine Kollegen sind 30 Minuten später in Alt-Olvenstedt. „Der beigefarbene Diesel-Mercedes mit der Kennung 1444 stand stadtauswärts gerichtet am Straßenrand. Die Rücklehne des Fahrersitzes war dreiviertel nach hinten gestellt", beschreibt der Kriminalist seine ersten Eindrücke. „Der Fahrer war durch einen Kopfschuss gestorben – wahrscheinlich aus nächster Nähe."

Die Identität des Opfer steht fest: Es handelt sich um den 45-jährigen Taxifahrer Detlev K. aus Magdeburg.

Ärger gibt es, als die Männer vom FK 2 sehen, mit welcher Unbekümmertheit der Notarzt gearbeitet hat. Und auch die zu knapp bemessene Tatort-Absperrung ärgert Ruthe und Co. „Glück, dass diese beiden Fehler die Aufklärung des Falls nicht erschwert haben", blickt der Kriminalist zurück.

Die Ermittlungen beginnen. Vieles läuft parallel: Die Tatortgruppe des Landeskriminalamts ist vor Ort. Jedes Detail wird fotografiert und auf Video festgehalten, Fingerabdrücke werden genommen. Ein Fährtenhund wird angefordert.

Ingo Ruthe kennt noch heute den Zwischenstand nach dreieinhalb Stunden Tatortarbeit ganz genau: „Am Innenholm des Taxis auf der Beifahrerseite fanden wir einen relativ guten ‚Ringfinger'. Der Abdruck wurde sofort über das LKA ins bundesweite Erfassungssystem eingegeben." Doch Fehlanzeige. In der Datei des Bundeskriminalamts ist keine Person mit einem passenden Fingerabdruck registriert.

„Hätte aber eigentlich sein müssen", weiß der Kriminaloberkommissar heute. „Denn der Mörder war zuvor in Niedersachsen als Kleinkrimineller aufgefallen. Leider hatten die Kollegen dort versäumt, Fingerabdrücke zu nehmen." Dieser Umstand verhindert, dass die Tat bereits wenige Stunden, nachdem sie begangen wurde, aufgeklärt werden kann.

Der Fährtenhund läuft vom Tatort über den Schützeplatz und die Dorfstraße bis in die Bauernstraße. Beim zweiten Versuch nimmt das Tier den Weg über die Helmstedter Chaussee direkt bis in die Bauernstraße und legt sich auf denselben Platz wie beim ersten Mal.

Tatortarbeit am 4. Mai 1995. Gegen 3.30 Uhr war der Magdeburger Fahrer Detlev K. in seinem Taxi 1444 in Magdeburg-Olvenstedt erschossen aufgefunden worden.

Zwei Puzzle-Teile, die später noch große Bedeutung für das Gesamtbild erlangen sollen, sind das Projektil und die Brieftasche des ermordeten Taxifahrers.

„Die Obduktion durch Rechtsmediziner der Magdeburger Uniklinik dauerte fast sieben Stunden“, erzählt Ruthe. „Wichtig war das Projektil, durch das Kaliber, Geschoss- und Waffenart festgestellt werden können. Die Tatwaffe ist in jedem Mordfall eine heiße Spur.“

Das stark deformierte Projektil und jeder noch so, kleine Metallsplitter, der für die Waffenidentifizierung wichtig ist, werden entfernt. „Das Kaliber – 9 Millimeter – kannten wir nun. Ein detailliertes Waffengutachten wurde beim BKA in Auftrag gegeben“, schildert der Kriminalist den weiteren Gang der Ermittlungen.

Doch zur Überraschung der Magdeburger Sonderkommission, die inzwischen mit 30 Mann den Fall bearbeitet, bleibt das Gutachten der BKA-Waffenexperten vage. Eine ganze Liste möglicher Munition und Tatwaffen bringt die Soko keinen Schritt weiter. Erst Monate später werden die FK2-Kriminalisten eine Erklärung für diesen seltenen Umstand finden.

Das „Klinkenputzen“, das Befragen von Anwohnern im Umfeld des Tatorts, ist in vollem Gange, da meldet sich ein Zeuge. „Der Mann hatte in der Bauernstraße eine schwarze Brieftasche entdeckt“, sagt Ingo Ruthe. „Sie steckte kaum sichtbar hinter den verrosteten Gitterstäben eines Kellerfensters.“ Der Fährtenhund hatte die Kriminalisten zweimal an diesen Platz geführt. Die Brieftasche gehört dem Taxifahrer. Sie ist leer und weist keine fremden Fingerabdrücke auf.

Die Tatzeit kann durch andere Zeugen eingeengt werden. „ Einer von ihnen sah gegen 3 Uhr ein langsam fahrendes Taxi in Tatortnähe“, sagt der Ermittlungsführer. „Einem anderen, dem Fahrer des Busses Irxleben-Magdeburg, war zwischen 3.00 und 3.10 Uhr ein stehendes Taxi aufgefallen.“

Es sind erst wenige Stunden nach der Tat vergangen, da wähnt sich die Soko kurz vor der Aufklärung des Falles. Ansatzpunkt sind die so genannten Einsatzblätter der Revier-Schutzpolizei Nord und West.

„Dadurch kamen wir auf einen BMW-Fahrer, der auf der Helmstedter Chaussee nahe dem Magdeburger Ortseinganschild gestoppt worden war", erinnert sich Ingo Ruthe. „Der Vorfall war als ‚Trunkenheitsfahrt' registriert. Denn der Fahrer war alkoholisiert."

Bei der Blutentnahme fiel den Schutzpolizisten eine Platzwunde am Kopf des Mannes auf. Deshalb wurde er ins Olvenstedter Krankenhaus zur Untersuchung gebracht. Die Klinikunterlagen belegen, dass der Magdeburger um 2 Uhr wieder entlassen wurde.

„Am nächsten Morgen stand der BMW jedoch nicht mehr an jenem Platz, wo er in der Nacht abgestellt worden war", erzählt Ermittlungsführer Ruthe. „Der Mann musste ihn also nach seinem Klinikaufenthalt abgeholt haben. Wir sind die Strecke abgelaufen. Ungefähr 45 Minuten brauchten wir bis zu der Stelle, wo der Fahrer gestoppt worden war. Er muss also zur Tatzeit in der Helmstedter Chaussee gewesen sein."

Der BMW-Fahrer wird zum Hauptverdächtigen. Die Staatsanwaltschaft leitet ein Ermittlungsverfahren ein. Er wird vorläufig festgenommen. Noch am 4. Mai findet die Beschuldigtenvernehmung statt. Am nächsten Tag werden Wohnung und Bungalow des Verdächtigen durchsucht. Außer einem Schreckschussrevolver – der allerdings als Tatwaffe nicht in Frage kommt – wird nichts gefunden. Der Mann wird wieder entlassen.

Das Ermittlungsverfahren gegen ihn wird eingestellt. Ingo Ruthe erklärt dem Magdeburger später die Umstände. Und der BMW-Fahrer zeigte viel Verständnis für die Arbeit der Kripo

Die zweite Spur führt zu Männern aus Polen, die von einem Autohaus in Tatortnähe Schrottautos abholen. Zumeist schlafen sie in ihren Abschleppwagen, bis die Firma morgens öffnet. Doch auch deren Vernehmung verläuft im Sande.

Auf die dritte Spur werden die Beamten durch Taxifahrer gelenkt. Ein Magdeburger Kleinkrimineller, der von allen nur „Ratte" genannt wird, weil er seinen zahmen Nager auf der Schulter überallhin mitnimmt, kommt in die „engere Auswahl". „‚Ratte' hat sich schon öfter mit Taxifahrern angelegt. Und ihnen mit einer Schreckschusspistole vor der Nase herumgefuchtelt. Doch der ‚arme Irre' hat ein Alibi", weiß der Kriminaloberkommissar.

Die „Spurenlage" wird immer dünner. „Zwar waren wir den ganzen Sommer damit beschäftigt, Zeugen zu befragen, das persönliche Umfeld des Opfers abzuklopfen und nach eventuell anderen Motiven als Raub zu suchen. Aber es kam der Punkt, an dem wir in der morgendlichen Runde saßen und uns fragten: ‚Was haben wir unterm Strich erreicht?'" sagt Ingo Ruthe. Die Antwort sei niederschmetternd gewesen. „Trotzdem haben wir den Mut nicht verloren. Denn die nächste Spur konnte ja die entscheidende sein."

Dass der Tod eines zweiten Menschen die Ermittlungsrichtung bestimmen sollte, damit rechnet bis Anfang September 1995 jedoch niemand.

Am 8. September 1995 wird in Magdeburg Jens E. in der Wohnung eines Bekannten tödlich verletzt gefunden. Er hat einen Kopfschuss. Unter dem Tisch, an dem das Opfer zusammengesunken ist, liegt die Tatwaffe, eine 9-Millimeter-Luger, Typ „Brünner".

Die Kripo fahndet nach dem Wohnungsinhaber Mike R. Er ist genau wie Jens E., der trotz Notoperation stirbt, polizeibekannt.

Am Mittag wird Mike R. festgenommen. Bis zum Schluss bestreitet er die Tat und beschwört, dass sich sein Freund selbst erschossen hat. Er wird Monate später lediglich wegen fahrlässiger Tötung verurteilt.

Doch die „Brünner" ist es, die die auf zehn Beamte geschrumpfte Soko hellhörig werden lässt. „Sie war im April 1995 in Niedersachsen gestohlen worden. Die Kripo im Großraum Osnabrück hatte die Waffe zur Fahndung ausgeschrieben", erinnert sich Ruthe. „Allerdings nicht allein. Auf der Liste stand noch eine zweite Waffe – ein Smith & Wesson-357-Combat-Magnum-Revolver mit Munition."

Als die Ermittler davon erfahren, macht es Klick bei ihnen. Denn ein 9-Millimeter-Colt des Typs war im BKA-Gutachten als mögliche Tatwaffe im Taxifahrer-Mord aufgelistet.

„Der Bestohlene war Chef des privaten Wachschutzes im Fliegerhorst Diepholz (Niedersachsen). Zudem war der Mann Sportschütze", erzählt der Ermittlungsführer im Magdeburger Taxifahrer-Mord Ingo Ruthe.

Die Magdeburger machten einen Termin mit dem Wachschutz-Chef aus. Und er zeigte sich sehr kooperativ. Ruthe: „Natürlich konnten wir ihm nicht alles erzählen, aber dass seine Waffen in einem Mord eine Rolle spielen könnten, haben wir ihm gesagt."

Der Wachmann stellt den Kriminalisten Munition und Hülsen zur Verfügung. „Uns fiel es wie Schuppen von den Augen, als wir im Januar 1996 das daraufhin neu angefertigte Waffen-Gutachten in den Händen hielten", beschreibt der Kriminaloberkommissar.

„Der Wachschutz-Chef hatte, um Geld zu sparen, seine Munition aus alten Hülsen und dazugekauftem Pulver selbst hergestellt. Deshalb war das erste BKA-Gutachten auch so unkonkret ausgefallen."

Und noch etwas erklärt sich aus dem Eigenbau. Ein Nahschuss aus einem Magnum-Revolver endet normalerweise nicht als „Steckschuss". „Das Projektil hätte sogar noch das Autoblech durchschlagen und wir hätten es wahrscheinlich gar nicht gefunden", sind Ruthes Erfahrungen. „Aber unter den Eigenbau-Patronen waren auch so genannte Bläser, die kaum Durchschlagkraft besitzen. Diese schlechte, ausgesonderte Munition war bei dem Einbruch mit gestohlen worden."

Nun wird zwar immer klarer, dass die Smith & Wesson die Tatwaffe gewesen sein muss, aber den Täter haben die Ermittler damit immer noch nicht.

„Wir hatten Mike R. in Verdacht, der damals noch in Untersuchungshaft saß, weil er in Magdeburg seinen Kumpel Jens E. erschossen hatte", erzählt Ruthe.

„Der kann uns nicht weglaufen, dachten wir. Wir recherchieren den Fall gründlich aus, damit sich Mike R. nicht herauslügen kann. Doch wir fanden vorerst keine Querverbindungen zwischen dem Verdächtigen und dem Einbruch.“

Tatwaffe war ein Combat-Magnum-Revolver, Marke Smith & Wesson.

Die Kriminalisten beginnen mit Genehmigung des Militärischen Abschirmdienstes und des Fliegerhorstkommandeurs das Umfeld des Diepholzer Wachschutz-Chefs abzuklopfen. Sie stoßen dabei auf einen 35-jährigen Wachmann, in dessen Leben es einige dunkle Punkte gibt.

Klaus N. ist von permanenten Geldsorgen geplagt. Er wollte ein Taxi-Unternehmen aufbauen, bevor er Wachmann wurde. Doch das scheiterte. Die niedersächsische Polizei verdächtigte ihn in diesem Zusammenhang, etwas mit Taxi-Diebstählen und Brandstiftungen an Mietwagen zu tun zu haben. Doch nachzuweisen war Klaus N. bisher nichts.

„Wir gingen alle Unterlagen durch, die im Zusammenhang mit Klaus N. standen und stießen dabei auf den Namen Manfred P.“, so der Chef-Ermittler. „Und dieser Mann sollte zur Schlüsselperson im Taxi-Mord werden.“

Manfred P. hatte eine Zeit lang im Taxi-Unternehmen von Klaus N. gearbeitet. Er hatte zuvor in Magdeburg gewohnt und war aus DDR-Zeiten vorbestraft. Er war so etwas wie das Mädchen für alles im damaligen Taxi-Unternehmen von Klaus N. gewesen. Und wie sich später herausstellte, hatte er die Aufträge übernommen, Taxi-Konkurrenten im Landkreis auszuschalten, indem er ihre Autos ansteckte bzw. stahl.

„Was wir damals nicht wussten, war“, sagt Ingo Ruthe, „dass Manfred P. mit einer Ex-Magdeburgerin verheiratet war – der Schwester des Taxi-Mörders.“

Die Ermittlungen ergeben, dass es von Manfred P. eine weitere Verbindung nach Magdeburg gibt. Mike R., der wegen der Tötung seines Kumpels im September 1995 in Haft sitzt, gibt zu, ihn zu kennen.

Für die Magdeburger Kriminalisten ist das der Moment, sich ins Dienstauto zu setzen und erneut nach Diepholz zu fahren.

„Wir haben den 35-jährigen Klaus N. als Zeugen vernommen. Und wir haben ihm deutlich zu verstehen gegeben, dass wir nicht wegen Eierkuchen aus Magdeburg kommen“, verrät der Kriminaloberkommissar. „Wenn er nicht mit einem Mord in Magdeburg in Zusammenhang gebracht werden will, soll er aussagen.“ Daraufhin habe N. „gesungen wie eine Heidelerche“.

Klaus N. verrät, dass in Magdeburg „einer sitzen muss, der scharfe Waffen brauchte“. Er selbst habe mit dem Taxi in dessen Auftrag ausspioniert, wo man durch Überfälle an Kohle herankommen kann. Einbrüche in einem Dresdner Zigarettenlager und in Magdeburg seien geplant gewesen.

Sowohl Wachmann Klaus N. als auch Manfred P. wussten, dass der Diepholzer Wachschutz-Chef eine Pistole und einen Colt besaß. Sie beobachteten den Tagesablauf des Mannes und stiegen bei ihm zu Hause durch den Keller ein, als sie sicher waren, dass er nicht zu Hause war. Sie stahlen die „Brünner" und den Magnum-Colt.

Mit einem Eil-Haftbefehl wegen „Gefahr im Verzug" gehen die Magdeburger Ermittler Ende Januar 1996 „ans Eingemachte". Am 31. Januar wird im niedersächsischen Drentwede Manfred P. festgenommen.

Täter Michael-Heiko St. am 26. August 1996 auf dem Weg in den Gerichtssaal.

„Auf der Rückfahrt nach Magdeburg habe ich mit meinem Kollegen den Vernehmungsplan durchgesprochen", blickt Ingo Ruthe zurück. „Der Verdächtige saß im zweiten Auto. Die Richtlinie lautete: Keine Details über den Grund der Verhaftung."

P. wird noch in derselben Nacht vernommen. Zu Beginn geht es nur um den Waffendiebstahl in Diepholz und einige Einbrüche. „Wir ließen ihn zweieinhalb Stunden im Dunkeln tappen", sagt der Magdeburger Kriminalist.

Nach einer Pause wird es Ernst. „Glauben Sie wirklich, dass wir Sie wegen ein paar Einbrüchen hergeholt haben?", fragt Ruthe. Die knappe Antwort des Beschuldigten lautet: „Alles klar!" Die Entscheidung ist gefallen. „Manfred P. fragte uns, ob er seine Ehefrau anrufen darf", erzählt der Ermittler. „Ich habe zugestimmt. Aber unter der Bedingung, dass wir beim Gespräch dabei bleiben."

„Silvia, ich habe dich lieb, aber ich kann deinen Bruder nicht mehr schützen", war sein erster Satz. P. ist kooperativ. Die Vernehmer merken, dass er das Verhör „durchziehen" will.

Manfred P. spricht über den Einbruch ins Einfamilienhaus des Wachschutz-Chefs und darüber, wofür die Waffen gebraucht wurden. Auch, dass die geplanten bewaffneten Überfälle später abgeblasen wurden, weil zu viele davon wussten.

„Die Pistole hat Mike R. behalten, den Colt mein Schwager Michael-Heiko St.", sagt er aus. St. habe schon immer eine „große Kanone" haben wollen. Er sei seitdem auch immer mit dem Colt in der Jacke herumgelaufen.

Am 4. Mai 1995 hatte Manfred P. von seinem Schwager St. einen Anruf bekommen: „Ich habe Scheiße gebaut. Du musst mich aus Magdeburg abholen.“

Weil er kein Geld hat, um für die Rückfahrt zu tanken, schickt P. seinen Schwager zurück zum Tatort, um dem Toten die Brieftasche wegzunehmen. „Das erklärte im Nachhinein die zwei Wege des Fährtenhundes“, sagt der Kriminalist.

Am 1. Februar wird gegen den 24-jährigen Ex-Magdeburger Michael-Heiko St. Haftbefehl erlassen. Der Binnenschiffer wird in Soest (NRW) festgenommen. In Magdeburg legt er ein detailliertes Geständnis ab. Der Schuss sei gefallen, weil es zwischen ihm und dem Taxifahrer zu einem Streit gekommen sei, gibt er an. Der Fahrer habe über die B1 nach Helmstedt gewollt, er über die Autobahn. „Wir hatten umfangreiches Beweismaterial gesammelt. Daran kam der Täter nicht vorbei“, sagt Ruthe.

Die vom Taxiverband ausgesetzte Belohnung von 3.000 Mark erhält der Wachdienst-Chef aus Diepholz. Er hatte die Ermittlungen der Kripo vorangebracht.

Am 4. September 1996 wird Michael-Heiko St. von der 1. Großen Strafkammer des Magdeburger Landgerichts wegen Mordes zu lebenslanger Haft verurteilt. Er sitzt seine Strafe in Celle (Niedersachsen) ab.

Kriminalhauptmeister Bernd Häusler

Das mörderische Drücker-Trio

Der Kriminalhauptmeister bleibt an der Wohnungstür des Hauses in Hecklingen stehen. Zuerst will sich Bernd Häusler einen Gesamteindruck vom Tatort verschaffen. „Das Schlaf-/Wohnzimmer von Emma-Maria K. war durchwühlt", erinnert sich der Kriminaltechniker an den Vormittag des 21. April 1997. „Alle Kästen waren herrausgezogen, die Schranktüren standen offen."

Die 78-jährige Frau liegt auf der Schlafcouch. Tot. Die Füße der Rentnerin sind gefesselt, um den Hals hat sie ein Telefonkabel samt Hörer.

Bernd Häusler zieht sich die weiße Kombination an. Wie die Gummihandschuhe und die Schuh-Überzieher soll die Kombi verhindern, dass Spuren unbrauchbar gemacht werden. Dann beginnt die Tatortarbeit in dem Haus am Rande der Kleinstadt im Kreis Aschersleben-Staßfurt.

„Die Kriminaltechnik beginnt dort, wo nach Lage der Dinge die meisten Spuren vermutet werden", erklärt der Kriminalhauptmeister, „das ist von Fall zu Fall unterschiedlich. Im Haus nahe dem kleinen Wäldchen war die Tür aufgebrochen. Deshalb nahm ich diesen Bereich zuerst unter die Lupe."

Und dort landet der Kriminalist auch wirklich seinen ersten Treffer. Er findet einen „Fremd-Dakty", einen Fingerabdruck, der nicht dem Opfer zuzuordnen ist. „Natürlich haben wir von der Toten Fingerabdrücke genommen, um vergleichen zu können", so der Kriminaltechniker.

Mit einem Motorrad-Kurier geht die Spur umgehend zum Landeskriminalamt nach Magdeburg. Afis, die deutschlandweite Computer-Datei, in der Fingerabdrücke von Straftätern gespeichert sind, soll weiterhelfen.

Die Arbeit läuft vielgleisig. Während die Kriminaltechnik Flur und Zimmer Zentimeter für Zentimeter absucht, beginnen die Kollegen vom 2. Fachkommissariat damit, Zeugen zu befragen.

Die Aussage des Schwiegersohns der Ermordeten lässt die Ermittler aufhorchen. „Er hatte am 19. April ‚drei Typen' gesehen, die Emma-Maria K. den Vertrag eines Flugrettungsdienstes auf schwatzen wollten. Doch der Schwiegersohn habe die jungen Männer verjagt", erzählt Häusler. Ein erster Hinweis auf mögliche Täter.

Der Kriminaltechniker hat inzwischen weitere Spuren gesichert. „Da die Schnur aus dem Telefon gerissen war, haben wir uns den Apparat vorgenommen", so der Kriminalhauptmeister. Mit Gelantine-Folie wird der Teil eines Schuhabdrucks sichergestellt. „Der Täter hatte sich auf den Apparat gestellt, als er das Kabel herauszog."

Auch eine Zigarettenkippe, die an der Haustür gefunden wird, wandert in eine Plastiktüte der Spurensucher.

Wenige Stunden nachdem die Tote gefunden wurde, ziehen die Ermittler ein erstes Fazit: Es liegt eindeutig ein Tötungsdelikt vor – das beweist die Auffindesituation. Da sowohl alle Schränke der Wohnung, als auch die Handtasche des Opfers durchwühlt sind, liegt Raubmord nahe.

Am Abend des 21. Aprils ist der Kriminaltechniker zufrieden mit seiner Ausbeute. Denn ein weiterer wichtiger so genannter Spurenträger verspricht, die Täter überführen zu können. „Wir hatten Fingernägel des Opfers sichergestellt. Darunter vermuteten wir ‚Fremd-DNA'. Konkret: Es sah so aus, als habe sich die alte Frau gewehrt und dabei einen Angreifer gekratzt."

Am nächsten Tag befragt die Kripo weitere Zeugen. Die Hinweise auf die drei jungen Männer, die bereits der Schwiegersohn gegeben hatte, werden konkreter. Sie sollen einen dunklen VW Jetta gefahren haben. In der Nacht, bevor die Rentnerin gefunden wurde, hatten Anwohner das „Röhren" eines Autos in Hausnähe gehört.

Und der Volkswagen ist es dann auch, der zur heißen Spur wird. „In der Nacht vor dem Mord war das Auto in Thale aufgefallen", erinnert sich Häusler. „Anwohner hatten die Polizei gerufen, weil eine Gruppe junger Männer und Frauen herumlärmte. Als die Funkstreife eintraf, gab es eine kleine Rangelei zwischen den Kollegen und den Krakeelern."

Die Personalien wurden aufgenommen. Einer der Männer fuhr einen VW Jetta, dessen Sportauspuff lautstark röhrte. Das Protokoll der Schutzpolizei verrät den Ermittlern die Identität der Männer.

Über die Aussage des Schwiegersohns, den Flugrettungsdienst betreffend, kommt die Halberstädter Kripo auf ein Mannheimer Unternehmen, das solche

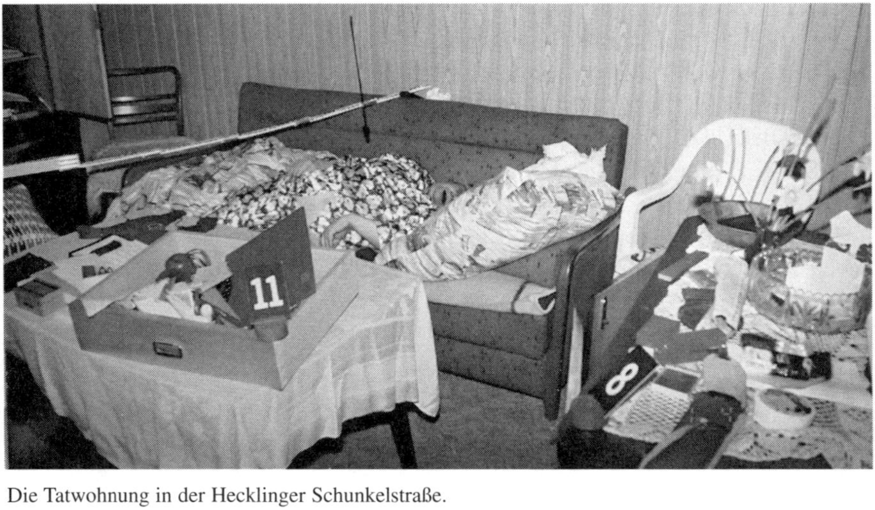

Die Tatwohnung in der Hecklinger Schunkelstraße.

Verträge anbietet. So genannte Drücker reisen durch ganz Deutschland, um vorwiegend alte Leute von der Notwendigkeit einer Mitgliedschaft zu überzeugen.

Am 22. April steht das Afis-Ergebnis fest. Der Abdruck ist ein linker Ringfinger und kann Silvio F. aus Thale zugeordnet werden. Der 21-Jährige gehörte ebenso zu der Drückerkolonne, wie Daniel G. aus Thale. „Dem 20-Jährigen wurde seine Anwesenheit am Tatort eindeutig durch die DNA-Analyse der Zigarettenkippe nachgewiesen", erläutert Kriminaltechniker Häusler.

Dritter im Bunde ist der Hamburger Felix P. (21). Sein genetischer Fingerabdruck stimmt mit dem DNA-Material überein, das unter den Fingernägeln von Emma-Maria K. gefunden wurde.

„Mit diesen objektiven Beweisen konfrontiert, blieb dem Trio keine Chance, sich herauszuwinden", erzählt der Kriminalhauptmeister. Anhand der sichergestellten und ausgewerteten Tatortspuren können die Ermittler genau feststellen, ob die Verdächtigen die Wahrheit sagen oder nicht.

Nachdem die jungen Männer am 19. April 1997 vom Schwiegersohn der 78-Jährigen vertrieben worden waren, kamen sie am nächsten Tag zurück. Alle drei hatten als Drücker gearbeitet und kannten sich von daher. Gleichzeitig einte sie ein anderes Problem: Als Verkäufer von Flugrückhol-Versicherungen waren sie mehr als erfolglos. So kamen sie auf die Idee, die Orts-und Personenkenntnisse, die sie durch das Klinkenputzen hatten, auszunutzen und in etwas abgelegenen Häusern ältere Leute zu bestehlen.

Felix P., Silvio F. und Daniel G. hatten sich einen Strick und einen Hammer mitgenommen, als sie in der Nacht zum 21. April bei der Rentnerin einbrachen. Emma-Maria K. schlief, als die Täter begannen, das Zimmer zu durchsuchen. Doch ein ungewohntes Geräusch ließ die alte Frau aufschrecken.

„Einer der Einbrecher fesselte ihr die Beine mit Paketband. Als er danach versucht, auch die Arme festzubinden, hat er die Kräfte der Frau unterschätzt", sagt Häusler. „Sie wehrte sich vehement. Und die Täter versuchten, sie mit einem Kissen zu ersticken."

Doch der Überfallenen gelang es, das Kissen wegzuziehen. Da griffen Felix P. und Silvio F. zum Telefonkabel und erdrosselten die Frau damit. Die Beute: 40 Mark, eine Silbermünze und eine leere Kassette.

Das Landgericht Magdeburg verurteilt Felix P. und Silvio F. wegen Mordes zu lebenslangen Haftstrafen. Daniel G. muss 15 Jahre hinter Gitter.

Erster Kriminalhauptkommissar Eckhard Gluschke

Das Feuer-Trio von Schönebeck

Eckhard Gluschke glaubt seinen Augen nicht zu trauen, als er gegen 21.15 Uhr zufällig einen Blick aus dem Fenster des Dienstzimmers im Schönebecker Polizeirevier wirft. Qualm aus Richtung Salzer Straße. „Verdammter Mist, da brennt doch schon wieder etwas", schießt es dem Ersten Kriminalhauptkommissar durch den Kopf. Doch dem Schreck folgt an jenem späten Sonntag Abend kühles Überlegen. Noch bevor Minuten später die offizielle Bestätigung per Telefon kommt: „Brand der Raiffeisenmarkt-Lagerhalle", hat der Kriminalist reagiert: „Umsetzen der Einsatz-Kräfte!"

Dass dieser 6. Juli 1997 so etwas wie ein Wendepunkt in einer bis dahin im Kreis Schönebeck nie gekannten Serie von Brandstiftungen ist, weiß Gluschke damals noch nicht. Und dass es noch 17-mal in der Stadt brennen und die Schadenssumme auf rund 11 Millionen Mark klettern wird, bis „Kommissarin Zufall" den Ermittlern in die Hände spielt, noch viel weniger.

„Bereits ein paar Stunden vor dem Brand im Raiffeisenmarkt", erinnert sich der Polizeibeamte, „wurde über Notruf 110 in der Magdeburger Einsatzzentrale Alarm ausgelöst. Ralf H. aus Calbe hatte Feuer im Wasserturm entdeckt."

Als die Feuerwehren der Umgebung gegen 17.45 Uhr am Wahrzeichen Schönebecks eintreffen, steht der Turm im Zentrum der Stadt bereits in Flammen. Obwohl die Feuerwehrleute ihr Möglichstes tun, brennt der historische Wasserturm, der zum größten Teil aus Holz besteht, völlig nieder.

Die Arbeit an der ersten Brandstelle läuft noch auf Hochtouren, da erreicht die Kriminalisten und die gerade wieder eingerückten Feuerbekämpfer die Hiobsbotschaft vom Brand im nur knapp 1.000 Meter entfernten Raiffeisen-Lager.

„Dass es sich in beiden Fällen um Brandstiftung handelte, war uns recht schnell klar. Und dass die Feuer vom 6. Juli mit einigen Bränden der letzten Monate zusammenhängen, ahnten wir auch schon", erzählt der Schönebecker Kriminalist.

Der so genannte modus operandi – die Begehungsweise – ist auffällig gleich. „A: Es waren immer unbewohnte Gebäude, die brannten. B: Zumeist wurde Holz, Papier oder anderes brennbares Material, das in den Gebäuden herumlag, angezündet, um die Häuser abzufackeln", so Gluschke.

Noch am selben Wochenende wird eine Sonderkommission gebildet. In Anlehnung an den Brand des Schönebecker Wahrzeichens wird die Soko „Wasserturm" genannt.

Es gibt einige Anfangserfolge. So geraten bereits in der Nacht vom 6. auf den 7. Juli vier Jugendliche in eine Kontrolle der Schutzpolizei. Bei ihnen werden eine Schreckschusspistole und Einbrecherwerkzeuge festgestellt. Ihre Identität wird überprüft, aber als Brandstifter scheiden sie aus.

Am 6. Juli 1997 brennt der Schönebecker Wasserturm völlig nieder. Die Sonderkommission, die ermittelt, wird nach dem Wahrzeichen der Stadt benannt.

„Als Nebeneffekt der intensiven Brandermittlungen konnten wir eine große Zahl anderer Delikte klären", denkt Eckhard Gluschke zurück. So seien der Polizei eine Reihe von Einbrechern ins Netz gegangen. „Viele Straftäter werden wohl mit uns gefiebert und sich gewünscht haben, dass wir die Feuerteufel bald haben, damit wieder Ruhe eintritt", schmunzelt der Erste Kriminalhauptkommissar.

Die Soko, besetzt mit einem Brand-Experten des Landeskriminalamtes sowie Kriminalisten aus Schönebeck und Magdeburg, beginnt mit der flächendeckenden Kontrolle des Landkreises. Doch am Abend und in der Nacht des 13. Juli brennt es erneut. Erst eine Lagerhalle, dann ein leerstehendes Wohnhaus daneben.

„Ich gebe zu", sagt der Ermittler, „für die Soko war es fast sicher, dass ein Feuerwehrmann der Täter war. Es wäre doch nicht das erste Mal gewesen, dass ein Feuerwehrmann Brände legt."

Und einen Verdächtigen hat die 25 Mann starke Ermittlungsgruppe auch. „Zwischen einem Schönebecker Feuerwehrmann und seiner Wehrleitung gab es Ärger", erläutert der Kriminalist. „Und wir vermuteten als Motiv Rache, weil der Mann aus der Feuerwehr entfernt werden sollte." Der Betreffende wird observiert. „Er hatte ständig einen Schatten", nennt es Gluschke. Doch der Verdacht erhärtet sich nicht.

Und es brennt weiter. Am 14. Juli gleich dreimal: eine leerstehende Lagerhalle und zwei Garagen. In einer steht ein Auto.

Der „Erfolgs- und Nervendruck", gibt der Kriminalist zu, wurde immer größer. Zumal wie bei fast allen Bränden die Spurenlage gegen Null tendiert. Gefahrenabwendung geht vor. Nach dem Einsatz der Feuerwehr haben die Kriminaltechniker naturgemäß das Nachsehen – keine Fingerabdrücke, keine DNA-Spuren.

„Wir hatten einen Objekt-Plan erarbeitet. Darin waren 31 leerstehende Gebäude Schönebecks enthalten", sagt Gluschke. „Wir gingen davon aus, dass der oder die Täter früher oder später in einem dieser Häuser Feuer legen würden." Ein Polizeihubschrauber macht Luftbilder von den Grundstücken. „Wir konnten so genau erkennen, von welcher Seite aus sich Täter den Häusern nähern können", sagt Gluschke.

Bis zu 40 Polizisten liegen von nun an Nacht für Nacht zwischen Unrat und Ratten auf der Lauer. Doch es ist wie verhext; in den bewachten Objekten lassen sich die Brandstifter nicht sehen. „Wir mussten die Beobachter immer wieder austauschen“, erinnert sich der Erste Kriminalhauptkommissar, „denn nach ein paar Nächten im selben Objekt wird man ‚betriebsblind‘.“

Polizisten in Uniform und Zivil gehen durch die nächtlichen Straßen der Kreisstadt. Treffen sie auf Verdächtige, notieren sie die Personalien. Zudem verlassen sich die Ermittler im wahrsten Sinne des Wortes auf ihre Nasen – sie stellen fest, ob der Kontrollierte nach Qualm riecht.

Erschwert wird die Arbeit der Kripo dadurch, dass der Täter plötzlich vom Zeitplan abweicht und nicht mehr nur sonntags zum Feuerzeug greift. „Nach und nach überprüften wir alle polizeibekannten Brandstifter“, erzählt Eckhard Gluschke.

Aber es brennt weiter: am 16. Juli eine Garage, am 27. Juli ein Auto, am 2. August eine Garage mit Pkw.

Über 100 Hinweise kommen aus der Bevölkerung. Sie werden nach und nach abgearbeitet. Doch Favorit ist für die Soko immer noch der große unbekannte Feuerwehrmann. „Ich bin damals zu Schulungen mit Wehrleitern gegangen“, denkt der Erste Kriminalhauptkommissar zurück. „Ich wollte bei den Treffen immer wissen, wer die ‚schwarzen Schafe‘ in der Truppe sind. Die Stimmung war so aufgeheizt, dass ich nahe vor Ohrfeigen stand.“

Als auch die Spürnase des eingesetzten Fährtenhundes die Ermittler nicht weiterbringt, kommt die Soko „Wasserturm“ auf eine Idee, die den Ermittlern noch einigen Ärger einbringen sollte. „Wir haben in Frohse einen Brand vorgetäuscht. Mit alten NVA-Rauchtöpfen wurde ein Abrissgrundstück eingenebelt“, so Gluschke.

Grund für die Aktion ist der Verdacht, dass unter denen, die zuerst am vermeintlichen Brandort eintreffen, auch der Täter ist. Deshalb hatte die Kripo zuvor von den Brand-Zuschauern Fotos gemacht, um zu vergleichen, wer immer wieder auf den Bildern ist. Doch der falsche Brand in Frohse bringt außer einem wütenden Oberbürgermeister nichts.

Auf Grund von Augenzeugenberichten werden diverse Phantombilder von Personen angefertigt, die sich in Nähe von Brandherden aufgehalten haben.

„Als am 14. und 23. Juli wieder zwei leerstehende Häuser abgefackelt wurden, war die Stimmung auf dem Tiefpunkt“, sagt der Chef der Schönebecker Kripo. „Einen Hubschrauber mit einer Spezialkamera einzusetzen, die die geringste Wärmeentwicklung registriert, war fast die letzte Möglichkeit, die wir noch sahen“, sagt der Kripo-Mann.

Doch es brennt weitere sieben Male. Aber das Feuer am 24. September in einem Gebäude in der Weberstraße ist das Ende der Zündschnur.

Claudia Jentsch führt an diesem Mittwoch Nachmittag den Hund aus. Im Weberweg fallen ihr zwei Jugendliche auf. „Einer hatte ein ganz schwarzes Gesicht und ein schmutziges T-Shirt an", erinnert sich die Ehefrau eines Schönebecker Schutzpolizisten. Die Jugendlichen kommen aus einem leerstehenden Gebäude. Claudia Jentsch geht Einkaufen. Als sie 15 Minuten später aus dem Supermarkt kommt, stehen schon Qualmwolken über dem Gebäude im Weberweg.

Sie erinnert sich an die Jungen und denkt: Das musst du deinem Mann sagen. Auf halben Weg trifft sie ihn. Bernd Jentsch ist im Streifenwagen auf dem Weg zum Brandort.

„Der Kollege sagte seiner Frau, dass sie sich umgucken soll, ob die Jugendlichen unter den Zuschauern sind", erzählt der Schönebecker Kripo-Chef Gluschke. Claudia Jentsch ist aufgeregt. Aber als sie mit ihrem Ehemann das zweite Mal durch die Reihen geht, entdeckt sie drei Jungen mit Fahrrädern. Zwei davon sind die Jugendlichen, die aus dem Brand-Haus kamen.

Die beiden werden vorläufig festgenommen, vom dritten notieren sich die Beamten die Personalien. „Wenig später, im Revier bei der Vernehmung, haben die Jugendlichen zugegeben, dass 30 Brände zwischen dem 2. April und dem 24. September 1997 auf ihr Konto gehen", sagt Gluschke. Ronny (16), Marcel und Torsten (beide 17) geben als Grund für ihre Taten an, dass es in der Stadt so viele leerstehende, verfallene Häuser gibt. Sie wollten etwas für das Aussehen Schönebecks tun. Die Häuser sollten weg.

Das Amtsgericht Schönebeck verurteilt am 2. November 1998 Ronny zu einer Geldstrafe von 400 Mark und 80 Stunden gemeinnütziger Arbeit, Marcel zu 100 Stunden und Torsten zu 200 Mark und 50 Arbeitsstunden. Alle müssen sich zwei Jahre bewähren. Sie bekommen Bewährungshelfer und müssen einen sozialen Trainingskurs belegen.

Kriminalrat Reinhard Hahn

Der undurchsichtige Schwager

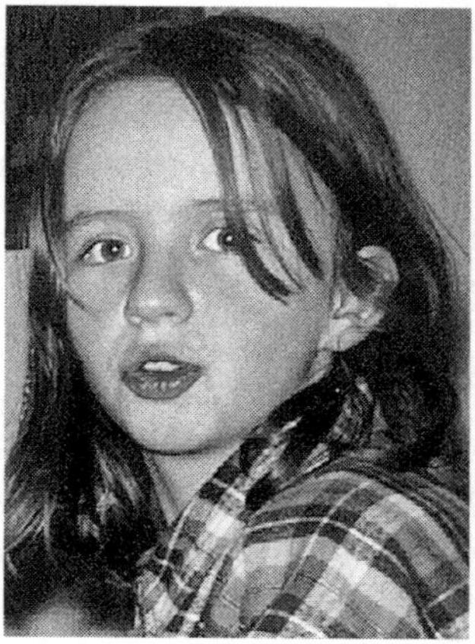

Mandy Schmidt aus Halle wird seit 1998 vermisst.

Am 11. April 1998 nach 19.30 Uhr erfährt Kriminalrat Reinhard Hahn vom Verschwinden Mandy Schmidts. „Ihr Vater hatte mitgeteilt, dass die 13-Jährige sechs Stunden zuvor von einer Freundin abgeholt wurde, bisher jedoch noch nicht zurück ist", weiß der Kriminalist von der Polizeidirektion Halle noch ganz genau.

Zuerst machen die Ermittler die Freundin ausfindig. Und Heidi (13) erzählt, was sie weiß: „Ich war mit Mandy im Huttenpark. Aber um 14 Uhr hat sie gesagt: ‚Wir müssen weg. Ich bin um zwei mit meinem Schwager Falco verabredet. Er will mich zum Babysitten fahren.' "

Es sind nur wenige Meter bis zu der Stelle in Halle-Süd, wo Mandy den 24-Jährigen treffen will. „Um 14.10 Uhr – so Heidis Aussage – trafen sie den Schwager. Er wollte gerade losfahren und wartete vor einer roten Ampel", sagt Kriminalrat Hahn. „Tschüss!", ruft Mandy ihrer Freundin noch zu und setzt sich in den roten Opel Kadett-Kombi zu ihrem Verwandten. Im selben Moment schaltet die Ampel auf Grün.

„Natürlich wurden unmittelbar nach der Vermisstenmeldung die Krankenhäuser abgefragt und die Unfallprotokolle der Verkehrspolizei eingesehen", so der Ermittler, „auch die Bahn wurde befragt und Taxi-Unternehmen. Aber wir stießen nicht auf Mandy."

Die Eltern des Mädchens wissen nichts davon, dass ihre Tochter mit Falco verabredet war. Auch von einem Babysitter-Termin haben sie keine Ahnung.

„Wir setzten uns umgehend mit dem Schwager in Verbindung", erinnert sich Reinhard Hahn. „Gegen 23.30 Uhr haben wir ihn telefonisch zu Hause im Kreis Viersen (NRW) erreicht. Der Mann hat uns gesagt, dass er mit Mandy etwa drei Kilometer bis zu einer Pizzeria gefahren ist. Dort hätten schon ‚schräge Typen' auf seine Schwägerin gewartet. Mandy sei in einen ‚verwaschen-grünen Opel Corsa' eingestiegen." In welche Richtung das Auto gefahren ist, habe er nicht gesehen, beteuert Falco.

„Allerdings ergaben sich Ungereimtheiten, als wir seine Fahrzeit von Halle bis zu seinem Wohnort an der niederländischen Grenze überprüften", sagt der Ermittler.

Doch der Schwager hat sich eine Version zurechtgelegt, die erklären soll, warum er an jenem Ostersonnabend weitaus länger von Halle nach Nordrhein-Westfalen unterwegs war, als üblich.

„Er sei schon in Halle-Neustadt Richtung Eisleben gefahren, da habe er sich überlegt, mal eine andere Strecke zu nehmen", erinnert sich Hahn. „Mandys Schwager will erneut durch Halle gefahren sein, Richtung A 14, dann auf die A 9."

Trotz der nicht ganz runden Darstellung vernimmt die Kripo Falco lediglich als Zeugen. Da auch seine Ehefrau – Mandys Halbschwester – die Version bestätigt, sieht die Kripo vorerst keinen Grund mehr, an der Aussage zu zweifeln.

„Doch im Zuge der weiteren Ermittlungen hatte ich erneut das Gefühl: Da ist etwas faul", sagt Hahn. „So erzählte uns Heidi, dass nie die Rede davon war, dass Mandy zur Pizzeria wollte."

Reinhard Hahn und einige Kollegen fahren nach Nordrhein-Westfalen. Ein Kriminaltechniker nimmt mit Falcos Einverständnis den Kombi näher unter die Lupe. „Dabei fanden wir zehn Haare im Kofferraum", erzählt der Kriminalist. „Falco stritt allerdings ab, dass seine Schwägerin je im Kofferraum gelegen hat."

Doch die DNA-Analyse mit Vergleichsmaterial aus Mandys Kamm ordnet die Haare aus dem Kofferraum eindeutig der Vermissten zu. Falco wird nach Halle gebracht. „Weil Sie der letzte gewesen sind, der Mandy gesehen hat", so die Begründung. „Mehr haben wir dem nunmehr Verdächtigen auf der Fahrt nicht gesagt", beschreibt der Kriminalrat die Situation.

In Halle habe Falco erst erzählt „im Himmel ist Jahrmarkt". Doch als er die Sache mit dem genetischen Fingerabdruck erfährt, redet er.

Er sei im Dezember mit seiner Frau bei seinen Schwiegereltern in Halle gewesen. Da habe sich eine „tiefe Liebesbeziehung" zwischen Mandy und ihm entwickelt. Die damals 12-Jährige habe ihm auch deutlich zu verstehen gegeben, was sie von ihm will.

„Sie seien dann zum Hufeisensee gefahren. Dort hätten sie im hinteren Teil des Kombis Sex gehabt", wiederholt Hahn die Aussage aus der Beschuldigtenvernehmung. Falco erklärt so, wie die Haare in den Kadett gekommen sind.

Karfreitag soll es erneut zu Intimitäten zwischen ihm und seiner minderjährigen Schwägerin gekommen sein – wieder im Auto.

„Die ganze Geschichte, die er uns von diesem Tag erzählte, scheint unwahrscheinlich", sagt der Kriminalrat. „Er will die rund 500 Kilometer von seinem Wohnort bis nach Halle nur gefahren sein, um seiner Oma zu helfen, einen Schrank aus der Wohnung zu tragen. Soviel Aufwand für zehn Minuten, zumal die anderen Verwandten fast um die Ecke wohnen?", fragt Hahn. Am selben Tag soll es auch einen Babysitter-Termin für Mandy in Halle-Neustadt gegeben haben. Doch der ehemalige Arbeitskollege habe abgesagt. „Der vermeintliche Kollege konnte von uns nicht ausfindig gemacht werden", so der Kriminalist.

Nachdem diese Geschichte geplatzt ist, will Falco mit Mandy an einem See in der Dölauer Heide Sex gehabt haben. Doch eine Rekonstruktion im Fahrzeug zeigt, dass es unmöglich ist, dass die Haare des Mädchens dabei in den hinteren Teil des Kofferraums gelangt sind. Auch Spermaspuren werden nicht gefunden. Er habe immer Kondome dabei gehabt, sagt daraufhin der Schwager.

Am 25. April 1998 wird Haftbefehl gegen den gelernten Maurer erlassen.

Wenige Tage vor Prozessbeginn scheint die Vermisstensache kurz vor der Aufklärung zu stehen. „Ich hatte gerade Leitungsdienst. Da ging die Meldung ein, dass ein Spaziergänger am Rande eines ehemaligen Keramik-Lehm-Tagebaus bei Morl im Saalkreis eine Mädchenleiche gefunden hat. Sie war nur mit Socken bekleidet", sagt der Ermittler. „Sie lag in einem fast zugeschütteten Plastiksack. Vieles – zum Beispiel die Liegedauer – deutete darauf hin, dass das Mädchen Mandy ist."

Doch am 11. Januar 1999 beweisen die Untersuchungen im Rechtsmedizinischen Institut Halle und die Auswertung der Fingerabdrücke durch das Landeskriminalamt, dass die Tote nicht Mandy Schmidt ist. „Das Mädchen im Plastiksack war Jessica Kopsch aus Berlin. Die 11-Jährige war seit dem 28. Oktober 1998 vermisst worden."

Im Mandy-Schmidt-Prozess geht es auf Grund der Beweislage und des Geständnisses lediglich um sexuellen Missbrauch. Falco wird am 8. Februar 1999 zu drei Jahren Haft verurteilt. Das Amtsgericht Halle sieht es als erwiesen an, dass der Familienvater das Mädchen dreimal sexuell missbraucht hat. Er habe die kindliche Zuneigung und die Offenheit Mandys ausgenutzt.

„Für mich war das Urteil der Spatz in der Hand", gibt Kriminalrat Hahn zu. „Natürlich verschwand die Akte nicht in der Versenkung." Er habe ständig Kontakt mit Mandys Eltern gehalten. „Eine schwierige Familie", beschreibt er die Verhältnisse. „Inzwischen bin ich mir sicher, dass auch der Vater mehr weiß, als er zugibt."

Fast eineinhalb Jahre nach dem Verschwinden Mandy Schmidts erhält die Staatsanwaltschaft Halle einen Hinweis, dass die Gesuchte im Rotlichtmilieu aufgetaucht ist. Doch der Tipp, der zuerst vielversprechend aussieht, erweist sich als falsch. Das Mädchen wird zwar gefunden, aber es ist nicht Mandy. Allerdings sieht es der Vermissten täuschend ähnlich.

Auch ein anonymes Schreiben an das Amtsgericht Halle Anfang 2000 bringt die Kripo nicht weiter. „Falco sollte die Leiche des Mädchens bei Bitterfeld versteckt haben", erinnert sich der Kriminalist. „Wir haben mit einem Großaufgebot in der einstigen Bergbauregion gesucht, aber nichts gefunden"

Es gibt zur Zeit keine neuen Ermittlungsansätze. Trotzdem ist sich Kriminalrat Reinhard Hahn sicher, dass er den Fall eines Tages knacken wird.

Kriminalhauptmeister Rolf Rohlfing

Ermordet, weil er zu viel wusste

„Ich werde Ihnen zeigen, wo er liegt." Mit diesem Satz gibt Michael K. am 9. März 1999 gegen 2 Uhr sein Leugnen auf. Für Kriminalhauptmeister Rolf Rohlfing von der Stendaler Mordkommission, der im Kindermord von Kuxwinkel ermittelt, ist damit der Fall beinahe abgeschlossen. Was jetzt noch bleibt, ist allerdings – selbst für gestandene Kriminalisten – einer der schlimmsten Augenblicke bei der Aufklärung eines Kinder-Mordes: die Identifizierung der Leiche.

Rohlfing, der Kriminalist aus dem Team von Ermittlungsführer Lutz Hirning, erinnert sich an die vorausgegangenen Stunden: „Michael K. hatte den achtjährige Marc und dessen Schwester Anke (10) am Sonnabend, dem 7. März aus dem brandenburgischen Premnitz abgeholt. Die Mutter der Kinder war mit dem Mann lose befreundet. Die beiden hatten sich einige Wochen zuvor über Bekannte kennen gelernt. Marc und Anke waren danach schon zweimal bei K. in Kuxwinkel zu Besuch."

Das Mehrfamilienhaus von Michael K. im Ortsteil von Schlagenthin liegt in einer waldreichen Gegend, besonders für Marc ein idealer Platz zum Herumtollen.

An diesem Wochenende sollen die Kinder in dem Dorf bei Genthin erneut übernachten. Und auch ihre Mutter hat sich für den Samstagabend angesagt.

Was die Frau nicht weiß, ist, wem sie ihre Kinder in Obhut gegeben hat. „Michael K. war ein vorbestrafter Vergewaltiger", erzählt Kriminalhauptmeister Rolf Rohlfing, „und er hatte sich bei den vorausgegangen Treffen auch an der Zehnjährigen vergriffen. Aus Scham und Angst hatte das Anke jedoch verschwiegen. Aber ihr Bruder hatte mitbekommen, was sich im Schlafzimmer abgespielt hatte."

Als Marc vors Haus zum Spielen geht und Michael K. gerade wieder zurück in seine Wohnung will, ruft ihm der Achtjährige unvermittelt nach: „Nicht, dass du das mit Anke noch mal machst!"

„Für K. war das ein Schock. In diesem Moment wusste er, dass es einen Zeugen für den Missbrauch gibt", erklärt der Ermittler. Marc hatte durchs Schlüsselloch gesehen, als Michael K. mit dem Mädchen im Schlafzimmer war.

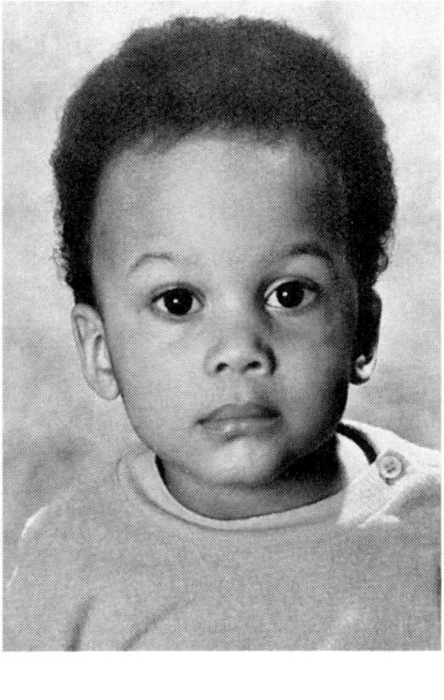

Marc D.

Als Marc den Satz ausgesprochen hat, entschließt sich der Mann aus Kuxwinkel sofort, den Jungen umzubringen. Es ist 17 Uhr, als er den Achtjährigen hochzerrt und ihn die paar Außenstufen hinunter in den Keller trägt. Das Kind wehrt sich verzweifelt, verletzt den Täter dabei auch an Händen und im Gesicht, aber gegen den 38-Jährigen hat er nicht die Spur einer Chance.

„Im Keller zog K. eine Kordel aus dem Anorak des Jungen und strangulierte ihn damit“, beschreibt Rohlfing den Mord. „Als sich Marc nicht mehr regte, überzeugte er sich davon, dass sein Opfer wirklich tot war. Dann ließ er den Körper im Keller liegen.“

Wieder in seiner Wohnung, wäscht er sich Gesicht und Hände. Anke, die ihn dabei beobachtet, fragt ihn, woher er die Kratzer hat und wo ihr Bruder ist. „Der ist mit dem Fahrrad unterwegs“, antwortet er ausweichend. Dann wendet er sich dem Mädchen zu und missbraucht es erneut.

Als zwei Stunden später die Mutter der Kinder anruft, um zu sagen, dass sie nicht kommen kann, erzählt K. wieder die Fahrrad-Geschichte.

Um 20 Uhr meldet sich die Mutter wieder telefonisch. Diesmal sagt der Mörder: „Marc ist noch nicht wieder da. Ich werde langsam unruhig. Ich fahre ihn jetzt suchen.“ Die beunruhigte Mutter lässt sich ein paar Stunden später von Bekannten nach Kuxwinkel fahren.

„K. fuhr mit seinem 353er Wartburg in der Nacht los und tat so, als würde er nach dem vermeintlich Vermissten suchen“, erinnert sich der Kriminalhauptmeister. „Anke saß auf dem Beifahrersitz. Später sagte er aus, dass er sich im Wald das Leben nehmen wollte. Bewiesen ist, dass er einen Strick und ein Messer dabei hatte. Das Mädchen gab zu Protokoll. dass K. ‚Abschiedsreden‘ gehalten hatte.“

Was Anke nicht ahnt, ist, dass sie zu diesem Zeitpunkt in Lebensgefahr schwebt. „Die Gefahr, dass er Anke in den Tod mitnehmen wollte, bestand“, weiß Rolf Rohlfing.

Doch der Mörder überlegt sich den Selbstmord und verbringt die ganze Nacht im Auto. Dabei kommt es erneut zu sexuellen Übergriffen auf das Mädchen.

In den frühen Morgenstunden des Sonntags trifft der Täter auf die Mutter und deren Schwester, die die Gegend absuchen. Er habe Marc noch nicht gefunden, gibt er vor. Dann setzt er Anke in Kuxwinkel ab.

„Der Mörder ging in den Keller, steckte den Leichnam in einen Sack und verstaute ihn im Autokofferraum“, schildert der Ermittler den Fortgang der Tat. In einer übermannshohen Schonung, unweit von Kuxwinkel, scharrt er mit den Händen eine kleine Mulde, legt den Körper hinein und bedeckt ihn oberflächlich mit Moos und Erde.

Erneut trifft er die Mutter. Nun suchen sie gemeinsam. Am Mittag des 8. März erstattet die Frau beim Genthiner Polizeirevier Vermisstenanzeige. Wenig später ist die Sache ein Fall für das FK 2 in Stendal.

„Wie üblich wurde zuerst das direkte Umfeld des Vermissten überprüft. Dazu gehörte natürlich auch der ‚Wochenend-Onkel' " sagt Rohlfing. „Doch der so genannte Polis-Auszug, in dem alle Vorstrafen vermerkt sind, war negativ – keine Vorstrafen."

Dass Michael K., der damals noch im hessischen Lich wohnte, am 1. Februar 1998 nach einem Diskothekenbesuch eine 18-jährige Vietnamesin aus seinem Bekanntenkreis gefesselt und vergewaltigt hatte, erfuhren die Stendaler Ermittler somit vorerst nicht. Aus welchem Grund auch immer: Die zweijährige Bewährungsstrafe, die das Landgericht Gießen ausgesprochen hatte, war nicht ins Vorstrafenregister aufgenommen worden.

Durch die Befragung von Anke und Michael K. erfahren die Kriminalisten jedoch eine andere Sache, die im Zusammenhang mit dem Vermisstenfall stehen könnte. „K. erzählte immer wieder die Fahrrad-Geschichte. Aber es gab weder im Haushalt ein Fahrrad, noch hatten die Nachbarn den Jungen Fahrrad fahren gesehen", berichtet Rohlfing.

Und noch etwas lässt die Stendaler Mordkommission aufhorchen: Im Bundeszentralregister wird Michael K. als Vergewaltiger ausgewiesen.

„Unser Ermittlungsführer Lutz Hirning hat sich noch am selben Tag das Urteil aus Gießen faxen lassen", erinnert sich Rohlfing. „Wir hatten eine heiße Spur."

Inzwischen hat sich auch Anke einer Kriminalbeamtin offenbart. Der Fall nimmt Konturen an.

„Wir haben dann alles, was wir über ihn wussten, dem inzwischen Tatverdächtigen erzählt und ihm somit zu verstehen gegeben, dass seine Lage aussichtslos ist", sagt der Kriminalhauptmeister. „Trotzdem gab K. nur den Missbrauch zu, stritt aber noch längere Zeit den Mord ab. Allerdings verstrickte er sich mehr und mehr in Widersprüche."

In den frühen Morgenstunden des 9. März 1999 gibt er auf. Die Kripo fährt mit Michael K. in den Wald. Alles wird auf Video aufgenommen: der Hochsitz mit den einzelnen Birken, die feuchte Senke mit der angrenzenden Schonung, die Mulde etwa zehn Meter neben dem Weg, in der Marc liegt.

Die Kriminaltechnik belegt das Geständnis des Mörders. Die Wissenschaftler finden Salpeter aus dem Keller am Anorak des Opfers sowie sein Blut im Wartburg-Kofferraum.

„Unsere Ermittlungen überführten den 38-Jährigen aber nicht nur als Mörder von Marc", erzählt Rohlfing. „Auch die Vergewaltigung einer Zehnjährigen, die bereits acht Jahre zurücklag, und einer 13-Jährigen wurden dem Täter nachgewiesen."

Am 5. November 1999 wird Michael K. vom Stendaler Landgericht wegen Mordes zu einer lebenslangen Haftstrafe verurteilt. Für die mehrfache Vergewaltigung Ankes muss er weitere zweieinhalb Jahre hinter Gitter. Die Bewährung aus dem Gießener Fall wird aufgehoben. Die anderen Missbrauchs-Verfahren stellt das Gericht ein, weil das dort zu erwartende Strafmaß in keinem Verhältnis zur aktuellen Verurteilung steht.

Michael K.s genetischer Fingerabdruck ist inzwischen in der DNA-Datenbank gespeichert. Auch im so genannten Viclas-Programm, in dem nach kanadischem Vorbild rund 260 Fragen über Gewalt- und Serientäter – zum Beispiel Tatbegehung und Opfertyp – beantwortet werden, ist der Mörder und Vergewaltiger aus Kuxwinkel registriert.

Michael K. wird dem Haftrichter in Genthin vorgeführt.

Ergänzung zum Fall „Der Frauenmord im Glacis" (Seite 49)

Kurz nachdem die 1. Auflage des Buches erschien, meldete sich Karl-Heinz Sander bei der Volksstimme. Er gab sich als der Kriminaltechniker zu erkennen, der 36 Jahre zuvor den Glacis-Mörder entlarvte. Er erzählte die Geschichte der Fingerabdruck-Ermittlungen.

21. Juli 1965. Kripo-Unterleutnant Karl-Heinz Sander sitzt an seinem Schreibtisch in der Magdeburger Bezirksbehörde der Deutschen Volkspolizei (BdVP). In den letzten Wochen haben der 30-Jährige und sein Chef knapp 500 Handabdrücke mit der charakteristischen Schlingenbildung der Papillarlinien verglichen. Die Tatortspur liegt unter der Glasplatte des Büros der Kriminaltechniker.

Auch an jenem Sonnabend stapeln sich wieder die Blätter. Plötzlich springt der Kriminalist wie elektrisiert vom Stuhl auf: „Das ist er! Das ist er!", ruft Sander beinahe ungläubig. Dann läuft er mit dem Abdruck der linken Innenhand vom Tatort und der „Vergleichshand" eines 30-Jährigen zu seinem Vorgesetzten. Auch Oberleutnant Bertl stellt auf den ersten Blick fest: identisch. Dieter L. ist der Glacis-Mörder von Magdeburg. Der Täter hatte am Tatort eine Aktentasche zurückgelassen. Darin befand sich unter anderem eine Volksstimme vom 8. Mai 1965, in der Stullen eingewickelt waren.

„Wir wurden am Auffindtag gegen 14 Uhr zu den Wallanlagen gerufen", erinnert sich Karl-Heinz Sander, der seit 1992 in Rente ist. Die Aktentasche wurde sichergestellt und zur Hauptspur des Dezernats IV. „Die Fingerabdruck-Suche auf den Metallverschlüssen verlief ergebnislos", erzählt der Kripo-Major a. D., „aber das Zeitungspapier erschien uns interessant." Die „Volksstimme" wurde mit Ninhydrin – einer Chemikalie die mit Aminospuren, zum Beispiel im Schweiß, eine farbige Verbindung eingeht – behandelt. „Ich war gespannt, ob sich etwas zeigen würde", beschreibt der Kriminaltechniker die Situation. „Bis zu 24 Stunden kann das dauern. Doch als ich zwölf Stunden nach dem Tränken mit Ninhydrin nachsah, zeichneten sich schon Linien ab."

Das war „die halbe Miete". Anhand des Abdrucks der Kleinfingerballenpartie auf dem Fettstullenpapier hatten die Kriminalisten einen exakten Beweis in der Hand. „Die Schwierigkeit lag jedoch darin, dass die Vergleichskarteien mit den Fünffingerabdrücken der BdVP Magdeburg und den Zehnfingerabdrücken des Kriminaltechnischen Instituts Berlin vorerst nicht hilfreich waren.

Täglich landeten neue Vergleichsabdrücke auf dem Schreibtisch der Kriminaltechnik: die Papillarlinien von Mördern, Räubern, Dieben, aber auch Abdrücke von Personen die nach Paragraph 8 (Verstöße und Straftaten zum Passgesetz) genommen wurden, also von Bürgern, die bei „der Vorbereitung zum illegalen Verlassen der DDR" verhaftet und erkennungsdienstlich behandelt worden waren.

Zu diesem Kreis gehörte auch der Glacis-Mörder. Die Finger- und Handabdrücke Dieter L.s werden so registriert und landen bei den Magdeburger Daktyloskopie-Experten.

„Es war ein unbeschreibliches Gefühl, durch den Spurenbeweis an der Aufklärung eines Mordes beteiligt zu sein", erinnert sich der heutige Rentner noch nach Jahren. Für den 30-Jährigen, der sich damals noch in der Ausbildung befand, war der Glacis-Mord einer seiner ersten großen Fälle.

Inhalt

Bernd Kaufholz

Tod unterm Hexentanzplatz

Spektakuläre Kriminalfälle aus Sachsen-Anhalt

Edition Volksstimme

3. erw. Auflage; 152 S.; mit zahlr. Abb.; geb.; DM 19,80; € 10,20
ISBN 3-932776-87-2; mdv Mitteldeutscher Verlag 2001

Mord, Vergewaltigung, Brandstiftung und Kinder, die spurlos verschwinden, menschliche Abgründe auf der einen und hartnäckige Aufklärungsarbeit auf der anderen Seite: Beinahe 4.000 Kapitalverbrechen zählt man seit 1990 jährlich in Sachsen-Anhalt. Mehr als 50 Prozent der Fälle werden gelöst, doch nicht selten bleiben die Ermittlungen der Fahnder erfolglos.

Bernd Kaufholz, Chefreporter der Volksstimme mit einem Hang zum Kriminalisten, hat sich durch Akten gewühlt, dutzende Gespräche mit Zeugen, Polizisten und Staatsanwälten geführt, hat Tatorte besichtigt und die Ergebnisse seiner Recherchen spannend aufgeschrieben. Spektakuläre, teilweise ungeklärte Kriminalfälle aus dem heutigen Sachsen-Anhalt und aus der DDR, Fälle, die sachsen-anhaltische Kriminalisten aufklärten und die sie nie vergessen werden, sowie historische Kriminalfälle aus der Region, zuerst einzeln in der Volksstimme und anschließend in einem Band im Mitteldeutschen Verlag veröffentlicht, berichten von rund 75 Jahren Verbrechensgeschichte aus dem Raum Sachsen-Anhalt.

In der aktuellen, überarbeiteten Auflage werden auch Ergebnisse kriminalistischer Untersuchungen berücksichtigt, die bei der Drucklegung der ersten Auflage noch nicht bekannt waren. So zum Beispiel zum Fall „Nancy G." aus Burg. Das Mädchen war im Frühjahr 1986 einem Sexualmord zum Opfer gefallen. Eine Indizienkette weist inzwischen auf einen mutmaßlichen Täter hin, der sich 1995 jedoch das Leben nahm.

Wolfgang Schüler

Kann denn LIEBE strafbar sein

Sex und Recht

184 S.; geb.; DM 19,80; € 10,20
ISBN 3-932776-75-5
mdv Mitteldeutscher Verlag 1999

Beim Stichwort *Sex* denkt man an heiße Nächte, aber auch an Pornografie, Prostitution, Vergewaltigung, Telefonsex, Sex mit Kindern und neuerdings auch an Sex im Internet. Doch wer denkt schon beim Sex ans Recht? Dabei muss gerade hier eine rechtliche Grundlage her, denn es gibt wenig Lebensbereiche, die frei sind von Sexualität.
Schließen sich Sex und Recht nicht trotzdem irgendwie gegenseitig aus? Und ist es nicht so, dass über menschliches Verhalten gerade im sexuellen Bereich nicht mit trockenen Paragrafen zu richten ist?

Der Rechtsanwalt Wolfgang Schüler unternimmt einen unterhaltsamen Streifzug durch die aktuelle Rechtsprechung und zeigt, wie sich die Rechtsauffassung und das Rechtsbewusstsein in den vergangenen Jahrzehnten verändert haben. Dabei führt er anschaulich vor Augen, dass das, was gestern noch als streng verboten galt, heute längst erlaubt ist – und umgekehrt.

Ob nun unter dem Stichwort *Arbeitswelt* Fälle von sexuellen Übergriffen bei der Einstellung, Ehebruch mit Kollegen oder sexueller Belästigung am Arbeitsplatz abgehandelt werden oder ob unter *Ehescheidung, Eismann, Hosenwurm, Muttersöhnchen, Mordversuch, Sex in der Wüste, Straßenverkehr, Männer als Opfer, Verwaltungsentscheidungen, Likör* oder *Beischlafdiebstahl* mit Gerichtsurteilen bekannt gemacht wird – das Buch ist kein trockener Exkurs für Juristen, sondern eine unterhaltsame, vergnügliche Lektüre, übersichtlich gegliedert und gut gewürzt mit Episoden aus dem Gerichtssaal. Auszüge aus den Gerichtsurteilen stehen im interessanten Kontrast zu den vorgestellten Fällen.

Die Deutsche Bibliothek – CIP-Einheitsaufnahme

Kaufholz, Bernd:
Der Ripper von Magdeburg : spektakuläre Kriminalfälle /
Bernd Kaufholz. - 1. Aufl. - Halle (Saale) :
mdv, Mitteldt. Verl., 2001 (Edition Volksstimme)

ISBN 3-89812-115-1

Fotos und Repros: Uli Lücke (50),
Roland Schödl (3),
Susanne Moritz (2),
Viktoria Kühne (1),
Peter Gercke (1),
Matthias Fricke (1),
Privat (1).

2. Auflage 2002

Umschlaggestaltung: Peter Hartmann
Printed in Germany